BuddhAll

BuddhAll.

All is Buddha.

BuddhAll

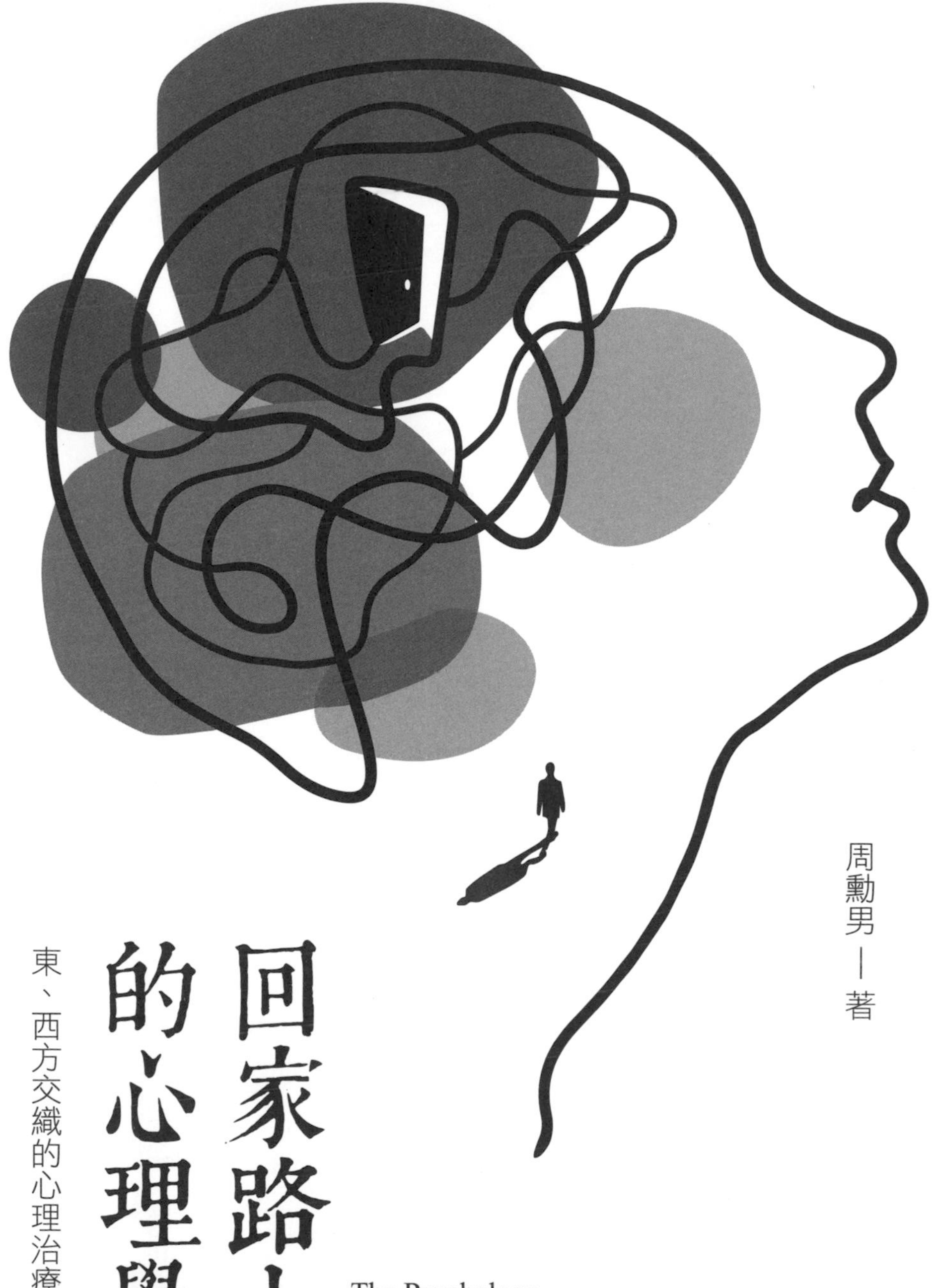

周勳男——著

回家路上的心理學

東、西方交織的心理治療講堂

The Psychology on The Way Home

目錄

推薦序

回到自心的家

前統一集團總裁　林蒼生

民國五十一年我剛進成大電機系，我深知這個學科對喜歡人文的我，不會是恆久的事業。所以在大一的時候，我就與同學組織了一個叫「Σ西格瑪」的社團，希望將人文與科學平衡發展。沒想到這人文與科學平衡發展的觀念，影響了我的一生。

現在回顧起來，我終於明白，老天爺為什麼要我接受電機科學的磨練，然後要我從統一的業務生涯中，在人群的互動應證人文的真諦，到我這年紀時，一切將趨成熟，邏輯與非邏輯的融合，科學與宗教的銜接，似乎也已看到了端倪。

我很幸運，有這四十幾年統一生涯的際遇，以及三十幾年前南懷瑾老師指點引我入中華文化之門。我驚喜地發現：中華文化正是調和科學與人文的最佳中間媒合劑！我也因此常從老莊與《易經》的角度來看商業與社會的百態，而從中領會了生命的理路。

與周勳男老師的結緣，緣於南懷瑾老師的十方禪林道場。當時我和周老師皆為十方禪林文教基金會董事，但因為事業繁忙，偶有會面，並無機會深入交流，可說是「君子之交」。但是我從他的文章中，能深刻感受到他是一位用心在佛法的謙謙學者，為文細密精審，從他所整理南老師的講學文稿，宛若看到南老師傳道解惑的身影歷歷在目。

南老師常說他從來沒收過一個學生，學生卻滿天下，被啟發的人太多了，數也數不清。當然也包括我。統一公司在南部，當時我少有機會親近南老師，但是他的指導卻影響了我的一生。不論什麼時候，他的言談行止總是氣定神閒，從容不迫，措辭雅致，笑容滿面，一出口便詩文並茂，似乎有說不完的寶藏。

南老師曾說，人要像一棵樹，樹多大根就有多大，才能頂得住風雨。人也一樣，心靈要深且廣才容得下世間冷暖衝擊。在南老師的門生中，周勳男老師的風骨，可以說實踐了這樣的教誨。他學兼中西，畢生投注人文教化，數十年來在海內外四處講學，發言中和淳厚，述理條脈分明；待人親和大度，沉穩任緣，即使是遭逢謗逆，也從無惡口怨言。終其一生孜孜不倦深研佛法。洪啟嵩禪師讚譽周勳男老師為「一代佛儒」，實在是精審之言。或許正因為這樣的一心精純，使他傳承記錄了南懷瑾老師諸多重要的講學，利益後人。

周老師在高中時，對中華文化及史哲學術迸發熱情，廣閱東西諸家學說典籍。他從臺大哲學系畢業之後，又赴美國印第安那州立博爾大學攻讀哲學及心理學碩士。《回家路上的心理學》，不只是一本純粹的心理學，而是帶著佛法、儒家的眼光介紹心理學的書。當全世界快速的交會，不斷擴大各領域向度的可能性，本書正如其名《回家路上的心理學》，引領人們內思探索，回到自心的家。

推薦序

佛心，道骨，儒表的行者

十方禪林文教基金會董事　楊光祚

認識周老師是在他任職於中國國民黨文工會時，當時我在孫逸仙圖書館工作，他常來圖書館借書而相識，見面時相互禮貌招呼而已。真正較有來往是在一九八六年參加佛光山舉辦的世界顯密佛學會議，周老師受邀出席論文發表的評論人，我也受邀出席參加。我們兩人被安排住在同一房間，當晚相談甚歡！

爾後在許多佛教聚會活動中，就常相見。我每有佛學佛教的疑問，便來請教他，是我三十幾年最親近的良師益友之一。

周老師是台灣雲林西螺鎮人，自幼聰慧好學，學貫中西，在台大哲學系畢業後，到美國印第安那州博爾大學受哲學和心理學薰陶，並得雙碩士學位。所以他所講授課程內容，涵蓋中華文化中的儒、釋、道三家重要經典（講授經典和著作請參閱本書附錄），以及現代有關心理學、心理成長、心理治療學的領域等，尤其他一直希望能將佛法匯入現代心理學，建立佛教心理學，對於現代世界文明，一定有莫大貢獻。

周老師在台大就學時就親近南懷瑾老師，一生追隨南師，也是南老師最器重的門生弟子。南老師的許多著作即是由其整理出版的，如《大學微言》、《宗鏡錄》等書。

這裡說一個故事：有一天馮道元先生（也是南老師的學生）突然拜訪周老師，見面就拉著他一起跪下，說我們結拜兄弟，不由分說就拜了。拜完問馮是怎麼回事？馮說：「南老師對外都說『他沒有學生』，卻在你校訂出版的《金剛經宗通》、《楞嚴經宗通》、《楞伽經宗通》書序文裡，稱你為學生！我一定要跟你結拜兄弟。」這是周老師告訴我，他和馮道元義結金蘭有趣的因緣。

我因緣際會聽講於南老師的易經課，遂與十方禪林結緣。後在一九九一年因不想再過早九晚五的上班生活，服務滿二十年，便申請退休，那年我四十六歲。

十方禪林住持首愚師父，大概怕我太清閒，要我來禪林幫忙，並擔任十方禪林文教基金會秘書長職，而周老師便是十方月刊的發行人，也長期在十方禪林開課講授儒、釋、道經論，很受學生歡迎。

周老師外表魁偉粗壯，頭髮捲曲，皮膚有點黑，但是舉手投足，溫雅有節，言詞淳厚平和，是謙謙君子的儒生，亦是溫良恭儉讓的長者，更是尊師重道的典範。他在老古出版社任總編輯時，同事發現每次香港南老師致電，一定起立，站著接聽，可見從內心真正地傾慕尊師。

在我們相識將近四十年間，在現代佛教學會同為理事，常相聚於佛學研討會、十方禪林，偶爾也會來舍下喝茶。他總是沉穩歡喜，我不曾看過他發怒生氣，有人搬弄是非時，亦從未聽他口出惡言、怨言，只是輕描淡寫的隨緣了事。

他曾任職救國團、中國國民黨文化工作會等單位，這些地方多少都是爭名奪權單位，周老師處此環境，仍能保持一貫淡定的處事風格，正如老子所說「上善若水，水善利萬物而不爭。處眾人之所惡，故幾於道。」這還真不一般人做得到的，要有道心道行才可以。周老師淡泊明志、隨緣不爭的道家精神，非常令人敬佩！

南老師對於儒、釋、道的總結說：「佛為心，道為骨，儒為表，大度看世界，技在手，能在身，思在腦，從容過生活。」而佛心、道骨、儒表便是我認識的周老師。

英國史學家湯恩比（一八八九—一九七五）曾說：「十九世紀是英國人的世界。二十世紀是美國人的世界。二十一世紀是中國人的世紀。」南老師也曾說：「從一九八七年後，中國將有兩三百年盛世。」如果預言成真，希望這個中國人的世紀，不再是英美時代的窮兵黷武、霸權主義的世紀。而是能實踐中華傳統文化的天下太平，世界大同的世紀。準此周老師一生對儒、釋、道經典的講授紀錄，期望能整理陸續出版，也是對這個時代的大貢獻。

這本「在回家路上的心理學—東西交織的心理治療」，便是在十方禪林系列講座的書稿整理出版，將佛學佛法匯入現代心理學、心理治療法的難得著作。

人生一輩子，只有一條命，不但要好好渡過此生，更希望在最後能走好、走對回家的路，閱讀本書必然會有所啟發，且在字裡行間，讀者也定會感受到周老師真摯博聞的講學風采。在洪啟嵩禪師的全力支持下，本書得以面世，作為對周勳男老師永恆的紀念；又因周師母郭曉梅女士的叮嚀，一定要我寫序，但我對這個領域完全外行，只能寫出一點對作者的學問道德和為人處世風範的觀察，分享讀者。最後還要感謝全佛出版社的彭婉甄小姐的催逼，才能見到此文。一併致謝！

推薦序

緬懷一代佛儒：周勳男老師

南玥基金會創辦人　洪啟嵩

在佛法與心理學的綜合研究上，周勳男老師可說是一位前驅者。而在現前世界心理學界，佛法在心理學的研究中愈來愈為重要，周老師不只是此學門的先行者，更是台灣佛法心理學的引領者。

周老師於臺大哲學系畢業後，即赴美印第安那州立博爾大學攻讀哲學碩士、心理學碩士。學成返台後，除了在實踐大學、世新大學、文化大學教授心理學、哲學、中國思想史、教育學等，並主持青少年身心成長與潛能開發講座。他以對西方的學門的精研，融入深厚的東方文化底蘊，可說是其學兼中西。

除了致力於人文教化，周勳男老師在擔任東西精華協會理事長期間，協助南懷瑾老師教化世道人心，深為南老師所倚重。記得四十多年前我就讀政治大學一年級時，曾前往聽聞南老師講授《宗鏡錄》。而後又在課堂上得知，有十餘位資深學長共聚組成高階的坐禪共修會，由南老師親自指導，心嚮往之，於是決定前往參訪。共修會的地點，位於台北市大安森林公園正對面，參加共修會的長者們，都是一時俊彥。當時正值南老師隨緣閉關，偶而來共修會指導開示，平時則是由首愚法師帶領。當時首愚法師看見我這個年輕小伙子要參加共修會，一開始面露難色，但最後還是慈悲的讓我參加了。於是，大一那年我就這樣勇猛精進，每天騎上一個多小時的腳踏車，從政大到台北參加共修會，受益匪淺。

周老師出任十方書院院長期間，精心企劃各項文教活動、講座，邀請各領域專家參與，廣受各界好評。認識周老師，正是緣於二〇〇三年邀請我於十方書院演講。周老師親切致電邀請、討論講題，歷年來邀請我講授各種不同的主題：「維摩詰經法要」（二〇〇三）、「佛教的財富觀」（二〇〇四）、「佛身與養生」（二〇〇五）、「禪師的生死藝術」（二〇〇五）、「在家居士如何修行」（二〇〇六）等。每一場周老師必定親自到場主持、介紹，謙和親切的風範，讓大眾如沐春風。

身為佛教耆宿長者，周老師對年輕後輩卻十分敬重，謙沖為懷。記得有一天，偶然在捷運站碰到周老師，他提到不久前我送給他的著作《禪觀祕要》。此書是我在一九九五年到二〇〇三年，長達八年期間，教授佛教適百種禪觀法門所造的偈頌大綱。周老師告訴我，如果他來主編大藏經，一定會將《禪觀祕要》入藏。長者這番鼓勵的話讓我十分感動，也敦促著我在佛法的道路上不斷精進。

周老師畢生投注於佛法研究，幾乎到了忘我之境。記得有一次，我和周老師在楊光祚老師家喜聚，暢談佛法，賓主盡歡，後來周老師有事先行離開。而等到我要回家時，卻找不著鞋子，這才發現周老師穿走了我的鞋。而周老師的鞋比我的腳大上許多，我也無法穿他的鞋，結果只好向楊老師借了雙拖鞋穿回家。周老師一路穿回家，居然也沒發現穿錯鞋。多年後和楊老師、周師母提到這則軼事，由此可觀見周老師一心一意專注於佛法研究，完全忘懷生活中的細節。甚至在遭逢各種毀謗逆境，也從未有怨言惡語，可說是一心深入佛法，自然而然的慈忍之力所致。

《回家路上的心理學》，是周勳男老師融攝東、西方文化，對心理學的詮解，尤其對於佛法與心理學的交涉，他更提出了獨到的見地，讓人十分欽佩，心中亦浮現周老師的儒雅風采。欣喜於本書出版之際，謹以此短文，作為對一代佛儒周勳男老師的永恆懷念！

推薦序

無盡的追思—亦師亦友的菩提道侶

郭曉梅

先夫周勳男於二〇一九年八月遽然辭世，再多的淚水也無法表達內心深處的悲傷與不捨。他走了之後，面對他曾經日以繼夜，投注畢生心血的書稿，深知這是他留給世人的寶藏，但是一本書的出版談何容易！以往都是勳男一力處理，我像備受呵護的公主，在他沉穩身影下安心幸福的生活。於是我抱著文稿找楊光祚老師商量。楊老師為我指引了一條明路，帶著我去找洪啟嵩禪師。

先夫在世時，對洪老師極為推崇，也多次與楊老師一起歡喜共聚，洪老師對佛法的博大精深，讓我十分佩服，而他所指導的全佛文化出版社，更是台灣佛教出版界三十年的老字號招牌。當他得知我希望周老師文稿有朝一日能出版時，二話不說，慨然應允，甚至開始構思新書發表會。這樣的義行，讓我感動得當場落淚！這是先夫辭世七百多個日子以來，而今終於能真正為他做一點事！回家後我又哭了好久，是歡喜、悲傷交織的淚水。此時為本書寫序，感覺就像一場夢一般，一場我和勳男共織的人生之夢，夢裡還有許許多多有緣的人、感謝的人，一起交織成幸福的大夢。

勳男在大學時代認識了南懷瑾老師，他如獲至寶，跟隨在南老師身旁學習儒釋道精神，學習禪佛，養成早晚打坐，日日持經、持咒的習慣，奉持五戒自律自愛，精勤努力，在他身上我看到了在佛法的受用。他侍南老師如父親一般，老師交代的事永遠優先排第一，全力完成，真正是「一日為師，終生為父」。

他從台大哲學系畢業後又赴美攻讀，獲得博爾州立大學哲學、心理學的雙碩士。回國後他在大專院校、道場開課，他的慈悲、厚道，讓學生們打從心底感動。在教學上，他一心一意，精進努力不懈，將所學無私的付出，讓學生、有緣者在身心靈都能夠受益良多。他常告訴我：「給予別人歡樂與幸福越多，自己得到幸福快樂也就越多。」

我倆結識於一九八三年，他在工作中總是不與人爭、不與人鬥，為人謙卑善良，做事認真負責，公私分明，不佔公家一點便宜，這樣的人格讓我留下了深刻的印象。與

1969 年王紹璠學長出國，南懷瑾老師、作者周勳男與友人送行。

1973 年大年初四仍在救國團總部辦公室筆耕不輟。

勳男結為夫妻，是我人生的一大轉捩點。剛開始我仍一如過去，為了許多小事生氣，感到挫折、沮喪，接著就產生了焦慮等負面的心態。通常夫妻的情緒是會影響對方的，但是勳男總是慈和柔軟，耐心的循循善誘，教導我要放鬆，學習小孩的自然微笑；透過心理探索、訓練情緒，淨化自己的靈魂、自己的心達到淨化自我的目的；用內觀、正念去終結生氣、悲傷的情緒。

心理學認為，人在成年之後的性格，往往與童年成長的環境密不可分。從小我就充滿驕傲、自信，我一直認為人生就是無限的賽局，每個階段都在競爭（無論家庭、學校、工作……），目標永遠在提升、擴大……，沒有朋友，只有不斷的競爭，這就是我的人生，也造成極大的壓力。而勳男和我，幾乎是兩個完全不同的典型，兩個來自完全不同背景的家庭的人結為連理，我總認為老天把我們放在一起，就是要我們互相學習的。

勳男常教導我：心是一切經驗的本源，改變心的方向，

教授莘莘學子美學概論。

1981 年於救國團冬令自強活動授課與談。

就可以改變所有經驗的品質。當你轉化自己的心之後，所有經驗的一切也會轉化。我也學習透過禪修打坐、呼吸、放鬆、冥想、念咒。當我真正有所改變，才感受到何謂真實的快樂。

勳男走了之後，我的人生陷入了絕望的深淵，我無法去看以往的照片、不敢聽他留存的影音，彷彿輕輕一觸，潰堤的悲傷會如同巨浪般將我吞噬。直到全佛文化編輯本書時，需要我提供作者的照片，我才鼓起勇氣開始整理相片。

懷念著相濡以沫的生活，我們彼此鼓勵、分享，一起聽音樂、跳舞、看電影、爬山、旅遊、禪修打坐……幸福的時光讓我有如天使般。他不僅是我的好老師、也是無話不談的好朋友。他讓我瞭解愛的層次是「對自己、對別人、對萬物、對老天」，愛也是需要去學習與訓練的，用行動去關愛別人，並先從我們周遭的人做起。人格的成長改變了我的生活，也大大改善了我的人際關係。

1978 年留學美國穿中國服在公園留影。

1977 年在美國印第安那州校園智慧之樹下打坐。

死亡是人生課題中必要的創傷。我心念正向、接納，面對這無法迴避的重要問題，並感恩婚姻中的陪伴與學習讓我成長與蛻變，再再印證了本書中的論點。

有幸成為第一位讀者，在此與大家分享這本好書：《回家路上的心理學—東西方交織的心理治療講堂》，本書共分為四個篇幅：大腦心智的誕生、人格成長與教育、挫折與壓力調適、東西方多面向心理療法，總共廿四篇，篇篇都非常實用，適合各年齡層人士閱讀，提供讀者探索自我、更深刻認識身心靈、心理療法，讓自己有無限寬廣的啟發、更多成長空間，還有度過難關的機會與方法。

本書各篇章早年曾於〈十方月刊〉陸續刊載，尤其在二〇〇五至二〇〇六年間不間斷地介紹多篇心理治療法，期間一九九二、一九九八年亦有多場演講。感謝十方禪林方丈首愚法師的支持，及住持開寶法師、葉柏樑總編輯、曾苹耘編輯、游芳儀編輯、陳婉儀編輯、李明師兄整理錄音帶的付出，嚴義澤師兄、李良計師兄以及曾經參與的十

1997 年周勳男賢伉儷加拿大遊。

1987 年主辦國際性華語書展一幕。

方大德，有您們的付出，才使得先夫珍貴的文稿得以留存。

在先夫辭世二週年紀念之際，本書由全佛文化重新排版、設計，感謝龔玲慧發行人、彭婉甄主編、莊慕嫺編輯、張育甄美編的用心規劃，讓本書以全新的風貌重現。特別感謝林蒼生總裁、楊光祚老師、洪啟嵩禪師賜序，讓先夫周勳男「一代佛儒」的身影，永遠活在世人心中！

壹 大腦心智的誕生

一、揭開人類心靈的世界

自己的路要自己來走

第一次上邏輯課，老師以專業的語氣說道：「每個人都只有這一生；而這一生是去了就永不再回來。」這些話耳熟能詳，道理也淺顯地無人不知。

幾十年過去了，但還印象鮮明地記得當年十八歲的我，初聽到時，是那麼震撼，呆呆地望著雙鬢銀白的老師那講話時的嚴肅，以及望向遠方的深邃眼光。

而今自己也滿頭白髮，更想起一位長者經常感嘆的話：「人類的智慧永遠只有二十歲，就像蘋果熟了，就要掉下來。」這話固然未免誇張，但其中確有滄然的深義。每個人都或多或少地摸索人生的道路前進，等到走夠了迴旋路，嘗夠了錯誤的教訓，卻已發現夕陽逼在眼前，去日已無多。於是一代又一代的從頭走同樣的路。

雖然人類的道路因此走得很慢，但縱橫來看人類發展的史實，畢竟還是緩緩前進。

雖然走得很艱辛，雖然總會有一時的挫敗與後退，而灰心喪志，但整體看來，人類畢竟是樂觀的積極向前邁進。

滄海一粟的我，回顧來時路，有得有失，有成有敗。雖然這些得失成敗，已煙消雲散，不再縈繫心頭，但卻願將所見所聞，提出來與青年朋友分享，披露些有助身心發展的見聞，以及如何開創每個人與生俱有的創造力。如果文中有談到人性的黑暗面，那也是為了建立人生的光明面。

首先希望青年朋友有個理解，世上不可能有人具有完全一樣的成長背景與人格。而這裡所寫的絕不是最後的定論，只能作為參考，盼望有助於大家的路走得更康莊，成長得更茁壯。

我是否比動物高尚？

我們常聽到罵人品格或行為卑劣為「禽獸不如」，台語中也有句罵人的話「豬狗禽獸」，自封為「萬物之靈」的人類，理所當然地把禽獸作為批判卑鄙人渣的尺度。

但禽獸真的那麼低劣嗎？人類固然可以為了口腹之慾振振有辭編列各種理由，諸如為了生存、營養，以及天生萬物為我用等等藉口，隨意宰割早已退居劣勢，無還手之力的禽獸，但動物的行為，就一定比人類低下？

縱觀亙古以來即生存於地球上的各種動物，以及後來才出現在的新動物品種——人類，可以發現，別的動物以非常緩慢的演化方式，生存於弱肉強食的生物環鏈上，而人類後來居上，以最快的速度反客為主，早已宰制整個生物界。

從種類繁雜的動物中，可以看到有很多動物也天生具有相當「人性化」的行為，諸如為了延續繼起生命而以身相殉的鮭魚；為了保護小雞而膽敢與蒼鷹相抗的母雞；為了互惠而互相抓對方身上蚤子的猿猴；分工合作甚至為了保護女王蜂而禦敵致死的蜜蜂等，都讓我深受感動。而牠們在弱肉強食，一物剋一物的生存環境中，也讓我感到殘忍，以及老子「天地不仁」的無奈感嘆。

但是與人類的行為比較，動物只為充飢而殺死對方，或為了防衛、鞏固其生存空間，驅趕或殺死入侵的外敵，幾乎看不到無緣無故「反社會行為」的濫殺。然而人類在早已不需偷搶即能溫飽的時代，卻常有人肆無忌憚地搶劫殺人，連無辜的婦孺老幼也難逃慘死，不但綁票撕票，滅絕人性，為了名利情仇，甚至無意的瞄人一眼，也遭殺害。這些動物想不到的瘋狂變態行為，人類卻在每一時刻不停地進行著。

當然，人類也具有許多動物所沒有的優點，不然，人類文明何以能夠繼續往前推動？這裡所述，不過是讓我們警惕「人心微危」，一念之差，便是天堂地獄之別。

那麼，到底人與動物有何差別，以致人類能從「哺乳類動物」中有一躍而出，成為地球，甚至宇宙中的主宰？請您好好地想想，先把自己的觀點寫下來，然後再看下文，這也是一種腦力激盪！

什麼動物的頭「最大」

您是否已思考了人與動物在生理上有何不同？如果還沒想過，請先暫時停下來，等自己動過腦筋了，再接著讀下去。因為，只有自己願意思考，一切的學習才更有效，才更彰顯出意義來。

看過公視「動物奇觀」的朋友，可能會有這樣的疑問：形形色色的動物誕生後，經過一段或長或短的成長，就能脫離父母而獨立生活，為什麼人類需要十多年的時間才能自立？而且文明愈發達，依賴父母的時間愈長。的確，從宏觀的觀點來看，人生來是脆弱無助的，不但沒有尖牙利爪來保護自己，更沒有能力防止風寒的侵襲，衣食疾病等也

都要依賴父母妥善照顧才能生存下來。

固然童稚期的人類就像龜兔賽跑中的龜，爬呀爬呀，跌得鼻青臉腫，好不容易學會了走路。但在進入上學階段後，心智的成長卻又像兔子。透過有效的學習工具——語言文字，從具體思考發展到抽象思考。其神速地進步，早已把其他動物遠遠地拋在後面。

也就是說，人類所獨具的生理特性，已逐漸發揮其巨大無比的潛力。這些特性可以簡單地歸納為下列三點：

一、不像其他動物要靠四肢來移動，人能夠站起來，而空出雙手自由探索與運用，視野因而開闊起來，視覺的功能更是愈來愈重要，但嗅覺卻退化了。人類因能夠直立，所以便於發展文明，但文明的代價，也就是其負作用，卻隨之而來，此是後話，以後伺機再來討論。

二、人類具有伸屈自如、易於彎曲的手指，以及拇指和其他四指相對，並且具有發達得很好的鎖骨。這些生理結構的特性，使人類容易握緊各種東西，而且手臂的迴轉，遠比很多動物具有更大的自由與彎曲程度。因此，早期人類即能由操作各項工具，進而改良或製造、發明新的器具，產生今天各項精密複雜的機器。

三、從頭腦與身體的比例來說，人類是所有動物中比例最高的。即使與最似人類的無尾猿的平均頭蓋骨容積相比，人類都要比牠大三倍。尤其是人類具有較高級組織、精密複雜的神經系統。所有的專家都同意，若把人腦比喻成電腦，要使最進步的電腦發揮到一個人腦的功能，那麼這具電腦的「容積」起碼要像美國的帝國大廈，甚至像地球這麼大才辦得到。而且人腦還具有與環境自動產生互動與回饋的開放系統，這是目前的電腦還達不到的。

由這些生理特性，人類在漫長社會化過程中，又是如何演進為深奧無比的精神世界？請您先再想一想，下文再來揭開這個神祕的面紗。

人居然有了語言文字

人類既擁有了其他動物所沒有的生理特性，在漫長的生物演進史上，最明顯的分水嶺，是人類開始產生了形形色色的宗教活動與行為，而直到今天，我們還看不出任何其他動物，有類似的宗教活動或行為。宗教的信仰早在有文字記載以前就產生了，而且也是藝術、哲學、科學的起源。有關宗教的起源、演進及功能等，也許以後有機會一談，在此暫時略而不論。

如果把已有宗教活動的人類再往前追溯，也許我們可以這樣問了：人類是如何發展出意識？而這意識所形成的內心世界，隨著文明的發展與社會化的程度，愈來愈複雜，以至今天，我們是那麼不容易瞭解別人，甚至時常感到不瞭解自己。即使兩千多年前，希臘哲學家蘇格拉底（Socrates）就大聲疾呼「知你自己」的重要性，我們卻時感無能為力。

而其他動物呢？年輕的您可曾去注意過？我們看成群結隊的螞蟻在辛勞地搬運食物，牠們是否會想到「為誰辛苦為誰忙」？是否會有「不為五斗米折腰」而高唱「歸去來兮」？看到蛹化成蝶而不久於世，牠們是否會有「生從何處來，死往何處去」的「無語問蒼天」？即使牛、狗等所謂較有「靈性」的動物，偶見牠們被宰時流淚的報導，是否也像人類面對死亡（不管是病危、自殺或被殺）那樣充滿內心掙扎與複雜的變化？這些我們都不易知道，因為沒有溝通的有效工具：語言文字。

這時，您就知道語言文字是人類多麼奇特的發明了。沒有語言文字，人類難以溝通，就談不到有效的分工合作，以及各種經驗的傳承，人類也就很難有效的發展文明了。而更重要的是，您不妨想想看，沒有了語言文字，我們又如何形成自我的概念？如何進一步擴展我們內心的世界？說來這也是強您所難，既沒有語言文字，就無法形成概念，您又如何去想呢？

聰明的您，也許會進一步問道：人類又怎麼能把具體的萬事萬物，抽象化為符號的語言文字？這問題研究起來很複雜，以後再談。現在，我想請您先回憶一下，前面所講人類異於其他動物的生理特性，然後簡單地先勾畫出輪廓來。

我們說過人頭與人體的比例，遠比其他動物為大。但我們從考古上發現，原始人的前額是那麼狹小而沒有現代人這麼寬大。據研究，他們只擁有舊腦，而舊腦外面包著一層厚厚的腦皮質，在漫長人類發展史上，它是相當「新生代」的，而主宰語言文字功能的就存在腦皮質裡。看到這裡，您是否感到頭大？但至少以後若有人說您「大頭」，您就大可不必感到那一定是個壞字眼了。

如何瞭解自己？

我們面對一隻貓、狗等動物時，實在很難知道牠們在想些什麼。但年輕的您，已知道自己在想些什麼了。雖然您不很清楚，自己為什麼去想這些，甚至感到迷惑：自己到底是什樣的人？

前面談過，人類所以能夠思想，決定於腦皮質及語言的運用。但人類為何能在舊腦上衍生出新的腦皮質？為何能發展出日益精密的語言文字？又如何透過生化作用而使思想得以進行等等問題，雖然在今天的科學研究，已有驚人的成果，但神祕待解的盲點還很多。這些問題，留待以後再談。

現在先來談談如何瞭解自己。自己當然很難瞭解，且不說您現在所瞭解的自己，與童年時所瞭解的自己有多大的差距與變化，就這一個月，甚至這一天裡，您都會感到自己是多麼難以捉摸，尤其處於青春期中的讀者，心情的起伏變化，更使自己置身盧山雲霧中，不識自己的真面目。

其實，大部份的成年人也不見得很瞭解自己。除了情感的波動以及一廂情願的想法，影響我們對自己的認知外，奠基在頭腦之上的人格世界，也隨著周遭人、事與各種資訊的互動，而隨時充實或調整。雖然如此，但除了極少數人有「今是而昨非」的重大改變外，我們的人格世界畢竟有相當的穩定性，因此得以窺探其輪廓來。

因為人不是座孤島，人一生下來就無可避免的受到家庭、學校、社會等各種大小團體的社會文化影響，而使我們的人格世界，逐漸充實、擴大與複雜。因此，要充分瞭解自己的前提是：對人性有相當的瞭解。

但人性更是那麼不容易瞭解的，幸好人性是所有偉大作品，尤其是文學作品所關懷的主題，你可從古往今來的名著中去瞭解人性，或直接從其反映人性當中，照亮了你以前所未瞭解的自己。就年輕的您來說，羅曼・羅蘭（Romain Rolland）所寫的文學名著《約翰・克里斯朵夫》就可帶給你很多啟示。

要瞭解自己，每天可撥個一、二十分鐘，什麼事都不要做，只靜靜地反觀自己。然後把所瞭解的自己，不管瞭解了多少，都忠實地寫在日記裡。那麼過一段時間，就一定可以瞭解這一階段的您，是個什麼樣的人了。雖然您還會因成長而有所改變，但起碼現在的您，不再那麼徬徨了。

最後，我們來做個小小的遊戲。請您現在就寫下您出生以來，所記得的最早的一件事。不管是拍照、跌倒或過新年、被父母責罵等，都可以，寫得愈詳細愈好，包括您當時的感受等等。下文再為您解說。

最早的一件記憶

您是否已寫下了自己最早的一件記憶？如果還沒寫，請現在就動筆，寫完了再讀下

去。不然，你會失掉這種有趣又有意義的事。

您寫完了吧？好，現在您可以讀下去了。

前面談到認識自己的不易，很多心理學家也都曾提出不同的途徑，幫助我們認識自己。其中有位奧地利心理學家阿德勒（Alfred Adler），就主張從我們最早的一件記憶中，可以瞭解我們人格的「原型」。

前面也曾談到語言文字使我們得以有效學習、發展思想，進而塑造、充實自我。當我們有了自我的概念，也許多少會興起「生從何處來，死往何處去」的疑問，這是很多哲學家關懷的主題，答案卻有很大的不同；這更是所有宗教要面對的問題，答案即使不盡相同，但卻幾乎肯定靈魂或神識的不死。

如果從前世今生的觀點來看，我們的自我，是「其來有自」的，我們為何此時此地做父母的子女，就都變得不是偶然了。這也就是為什麼宗教不易驗證，卻依然為不少人從中找到安身立命的原因。

但是，目前的科學卻還無法接受這種觀點。從科學立場來看，我們的生命源自父母精細胞、卵細胞的結合。我們誕生下來，並沒有與生俱來的自我。作為一門科學的心理學，雖然承認嬰兒一出世，即有不同的趨向，諸如對光與熱的不同反應，以及對某些反射動作的反應遲速等不同，但一般心理學家大都認為二歲左右以後，才逐漸從混沌狀態中，有了「我」與「非我」的區別，進而有了你、我、他的概念。

從理論上講，嬰兒一生下來，腦細胞都已發展完成，視覺、聽覺等感官，也在出生後很快就能運作，因此就應有所記憶。但依近十年來，我對學生做這項最早記憶的遊戲統計來看，絕大部分的人所能記住最早的回憶，都在四、五歲之間，只有極少數人能追溯到二、三歲時發生的事。

不管您最早的記憶是發生在幾歲的時候，依據阿德勒的理論，在此以前發生的事您記不起來，您卻能記住這件事，這代表這件事給您留下了深刻的印象。

為什麼不是別件事，而是這件事使您今天依然記憶猶新？那就意味著這件事對您的人格產生重大的感應。由此感應中，可以反映您人格的「原型」，也就是您還沒有受到太多社會化以前的人格雛型，那就是您生來與人不同的自我。

您現在是否已從自己寫下的最早記憶中，看出了端倪？運用您的想像力，好好把它與現在的您仔細參照，就會恍然了解您的自我了。

關鍵在您自己

最後僅就前面所寫的，簡單提出幾點，作為告一段落：

一、我們以人的生命形態出現在這時空，不管是命定或偶然，總是值得珍惜。不論是否有前世、來世，這一生的道路要如何去走，雖然有些客觀條件的影響，但主要的還是操縱在自己手裡。我們沒有怨天尤人的權利，我們要為自所走的每一路程，負起責任，因為這是我們自己所做的選擇。

二、我們不要固步自封，只看到自己。我們的生命來自歷代祖先生命的延續，因此不只要展望未來，也要從過去的歷史文化中汲取經驗與智慧。我們不是座孤島，我們有自己的家人朋友、社會國家，甚至我們與其他的生物一樣，都是這個地球的一份子。我們只有放開胸懷，去關愛周遭的一切，才不會自私自利、自怨自艾，而活得更充實、更快樂、更有意義。

三、我們人類具備了其他動物所沒有的生理特性與精神世界，這些無比的潛能，絕大部分人用不到十分之一，甚至百分之一，就隨著生命的消逝，而一起埋沒掉了。因此，沒有理由以秉賦不夠作為失敗的藉口。

只要我們瞭解自己，盡力去挖掘、發揮自己的潛能，就得以自我肯定，作一個既愉快又有成就感的人。而潛能的有效開發，就要注意知、情、意的平均發展，隨時充實與磨練自己不足的層面。

四、此外，也要注意身心互動關係。有人說健全精神寓於健康的身體，反過來說，健康的身體又何嘗不寓於健全的精神？長期的自卑、沮喪、憂勞等負面因素，會把身體拖垮，如果要扭轉過來，可以在睡前及起床前，強列地自我暗示：「我從現在起，就是一個自信、奮發、快樂的人。」如此一來，相信不久，您就是個截然不同的人。

如果老覺得精神不濟，您可以找機會多用那只不常用的左手（對左撇子的人來說，就是右手），以使左右腦半部球均衡發展。你也可以學貓、狗等在地板上爬行、翻滾，以增強腦橋的功能。中國的五禽戲與印度的瑜伽術等，就採用了很多動物的動作，這些都是有助於精神的發展。

最後，我想說的是，透過反省、夢的解析或追溯人格原型等方法所瞭解的自己，不管「是」什麼樣的人，重要的是人不只是「存在」，而且是「變成」。也就是說，您想要「做」什麼樣的人，才是決定您一生最重要的力量泉源。

二、心腦與情智——從心理學到認知科學

一九九八年七月 講於十方禪林/台北

問世間「愛」是何物

佛教是講慈悲的，慈悲是不是愛呢？那要看你怎麼定義「愛」了。慈悲應該是愛的正面發揮，這必須去除個人的貪愛，因為這種「愛」包括貪、瞋、癡，這是佛經講的不好的愛。貪、瞋、癡摻雜在一起會形成一種最大的無明，乃煩惱的根源。但佛經上講的慈悲，就是要對人好，要解除人家的痛苦，甚至於要普度眾生，這些可說都是愛的正面發揮。

我們不管這些傳統的定義，而把一種廣義的「愛」，包括正面負面的涵義都合來講。各位讀佛經的時候，看到「愛」這個字眼大概都是不好，都是從負面來講的。我們現代人講「愛」有可能是負面的，也有可能講正面的。我們的語言文字的本身是有限定的，隨著地域在歷史演變中，我們對抽象觀念的理解在不同時期，對字的定義本來就會有定

義上的異化，隨著歷史語境而變遷。比如我高中時，讀過一本唐君毅教授的書。唐教授是著名哲學家，是我高中時最崇拜的老師，他翻譯了一本書叫《愛情之福音》。他在書裡說原作者是印度人，但據我後來的瞭解這本書不是印度人所寫，而是唐君毅教授自己的著作，但他假說原作是印度人，而他是譯者。為何這麼做呢？他已經過世了，我無從問他為何，但後來從出版的書局得知內情，稍後再談。這本書講的是愛情形上學，以印度為背景而作敘述。

婚姻中男女雙方多重角色的關係

講到印度，印度傳統是婆羅門教的，佛教產生之前就有婆羅門教。佛教興起之後，婆羅門教一度衰落，然後又「死灰復燃」，吸收佛教的一部分精華，演進成新興的婆羅門教，外國人不知道那是什麼宗教，就稱之為印度教。印度教是外國人起的名，印度人不認這個名，只認婆羅門教。婆羅門教規定人生有幾個階段，早期的階段是依賴父母受教育和成長，然後結婚生子成家立業，在社會上做各種事情，到了晚年就進入退隱期。印度從古以來在釋迦牟尼佛之前就有婆羅門教的這種生活段落的規範，他們認為人生理想的生涯規劃，就是晚年要進入退隱期，這退隱期包括離開家庭。因為印度人早婚，孩子也長大成家立業了，所以一到晚年就可以告別家庭一人到森林裡去修行，而當時還沒有佛教。

《愛情之福音》描寫的就是有一群青年男女，來請教一位快要去森林退隱的老者，向他請教愛情之道。我高中的時候看了這本書很高興，就買了很多本送給同學，我覺得我是在傳播愛情的福音。書裡是從形上學談男女的靈魂狀況，需要男女互相結合，然後從對方吸取優點，最後男女合而為一才完整。這講的是「一」的哲學，與道家哲學一樣，說人陰陽合而為一才能成為完整的靈魂。書中青年男女問老者：婚姻成功的祕訣是什麼呢？要即將退隱的老者告訴他們。老者說婚姻的祕訣就是你不要把太太當成太太看，太太是一個多重的角色。你要把太太當成最好的朋友，是你靈魂的夥伴；你要把太太當成你的姐姐、妹妹那樣敬愛、疼愛；要把太太當作最好的人生伴侶，而這是雙方都要這樣做的，太太也要把丈夫當作最好的朋友和夥伴。也就是夫妻雙方要把對方設想成各種的角色，從中才能取得一種使你婚姻鞏固的關係。

總之《愛情之福音》講光有愛情並不可靠，愛情是容易變化的，所以需要多重關係來鞏固，把對方想成自己的父母兄弟姐妹來對待，這個婚姻的狀態就比較好，這整本書的要旨大概是這樣子的。書裡談形而上，講每個人的靈魂都有所不足，由男女結合最後達到一的完整性。這一是用印度人的觀點來講的，實際上合乎道家哲學，也合乎希臘柏拉圖（Plato）講的男女婚姻是為了靈魂的完整才結合在一起的，而唐君毅教授講的層次上和柏拉圖一樣是拉到形而上去談。

有一次我在香港舉辦書展的時候，我就把這本書改了一個名字，因為一般來說聽到「愛情」這兩個字多數就會以為是平常的談情說愛的書，所以我把它改名為《人間至情》。那次書展是我們整個臺灣出版界到香港辦書展，這書就被當作贈品，印了好幾萬本，免費贈予香港書展的參觀者。這本書當時是正中書局印的，市面上不容易看到，薄薄的一本，各位有興趣的可以去正中書局問看看。外界不大容易瞭解唐君毅教授這本書，因為唐君毅教授絕大多數著作是學生書局或聯經出版社印行的，他們出版的大都是學術性的書籍。像《愛情之福音》這樣的小冊子，唐教授可能覺得以他這樣大學者的身份來談愛情，有一點不登大雅之堂，所以他才用印度人的筆名，再虛以翻譯之名義來發表。我以前在正中書局服務過，我瞭解這個內情。

我需要愛——任何一種愛

後來我又讀了美國作家寫的《婚姻的幻象》，這是厚厚的一大本書，現在可能已經絕版了。臺灣也有翻譯這本書，書名似是「幸福婚姻的秘訣」，原文中譯應該是「婚姻的幻象」。因為西方普遍認為婚姻最理想的結果就是愛情，但這位美國作者認為愛情是不可靠的，愛情是變化無常的，並不是鞏固婚姻的最理想的鑰匙，等於是一個西方人對愛情作出的一種反省。書中認為幸福婚姻還有其他的鑰匙，結合起來才能鞏固婚姻，因為愛情會變，難免喜新厭舊、事過境遷，以愛情為主的婚姻的離婚率、再婚率就會特別高，所以婚姻光有愛情是不夠的，要很多因素合進來才行。

中國人傳統上是以五常倫理的觀念來鞏固婚姻，所以臺灣以前的離婚率也很少。但是在現代受了西方文化的影響，離婚率就變高了。現在有人認為傳統道德太腐朽了，或者不重視，甚至於瞧不起道德，由於這些種種的因素，所以臺灣離婚率才變高的。

我在高中的時候就對愛情這個題目很有興趣，記得大學畢業的時候，畢業生都會編印一本紀念冊，每個人花冊裡都可以留下在這四年裡最大的感想。我的印象很深，我班上有一位同學留了一句話，用英文寫的「I need love, any kind of love.」。這是說「我需要愛，任何一種愛」。另有一位同學留下的是「大風起兮雲飛揚」，這是劉邦的歌句。每個人都留下短短的幾句話，代表自己的心聲，留戀或展望。其中「我需要愛，任何一種愛」，這句話表示了普遍的人性的需求。這句話的句子結構偏重於「need」（需要）。人人需要的愛是天上掉下來的禮物，還是只需要別人給你的愛呢？如果人人需要別人的愛，反過來講誰給你愛呢？社會心理學家埃里希．弗羅姆（Erich Fromm）寫了一本書叫《愛的藝術》（The Art of Loving），這本書最重要的價值觀念，就是講人人需要愛，但是卻沒有人創造愛。整本書談的就是這個主題，人人需要被愛，人人卻缺乏創造愛別人的能力。這本書在臺灣至少兩種翻譯本，也是薄薄一本小冊子。

影響現代各學科最大的心理學

那麼愛到底是什麼東西呢？我們回顧中外的文學作品裡談愛的非常多，談了幾千年了，愛的本質我們正式作一下學術上的探討。哲學上從柏拉圖以來一直談愛，柏拉圖談的是形而上學的愛，不是肉體的愛，而一般文學作品講的當然包括肉體的愛。心理學成為一門科學，是從哲學分出來的，西方以前包括世間所有的學問都叫「哲學」，哲學本身就是愛智慧，傳統哲學是無所不包的。其中有關愛的主題，較早的近代心靈哲學（The Philosophy of Mind）講到了。心靈哲學剛開始還是停留在哲學，一直到十九世紀開始有心理學興起，而心理學是作為一門科學興起的。

科學與哲學最重大的區別是：科學是可以量化重複驗證的，偏重於實驗；哲學是比較抽象的，是理論的建構，這是科學和哲學的粗略區別。像臺大心理學系，原來是日據時代的哲學系，光復之後才從哲學系裡分出來。臺大的哲學系和心理學系是兩個臺灣最早的科系。就心理學探討人性本身的領域，發展到現在已經形成許多學派。在快要二百年時間裡，心理學也是在各種方法論差異中起起落落，非常興盛，可以說心理學是二十世紀影響最大的科系。比如說你要當老師，要修個教育學分，臺灣以前都有教育哲學，很多人都去修的。但是後來教育哲學沒有了，現在都變成了教育心理學，連教育部承認的教育學分也是教育心理學。

教育哲學是一種理論，比較缺少科學的驗證，更不夠經驗和實用，而心理學作為科學慢慢發展起來，搶了哲學的地盤，成為龐大的科系。各位回想一下過去二十世紀的一百年裡所有的學科都與心理學沾上關係，如政治心理學、教育心理學、犯罪心理學、商業心理學，人事心理學等，凡是你想到的學科都可以與心理學掛鉤，所以心理學的影響是非常大的。而廿世紀影響世界最大的心理學家就屬佛洛伊德（Sigmund Freud）了，他寫了一本書叫《夢的解析》（Die Traumdeutung），在臺灣恐怕也有兩三種不同的翻譯本，這本書是影響全世界的，被推崇為二十世紀影響最大的十本書之一。他提出「潛意識」的理論，被譽為與愛因斯坦的「相對論」相媲美，深刻影響人們對於內心世界的認知。臺灣心理學界過去不是講佛洛伊德，就是講行為主義。行為主義就偏重於獎賞和懲罰這兩者。

那麼，一般而言，過去老師的教育方法就是獎賞和懲罰，不乖就懲罰，乖了或表現好就給予獎賞。臺灣教育界過去幾十年主流派就是行為主義的，這影響到整個教育政策，到了大概二十幾年前才開始引進人本主義。人本主義強調人性本善的一面，比較尊重學生，強調不體罰，不傷學生自尊心。雖然包括教育政策都受心理學理論的影響，但是對於愛的本質，心理學不大敢去研究，因為心理學作為科學要得出一個結論就必須經過重重的實驗，然而各種行為可以加以測量，愛卻很難被實驗的，因為愛是抽象的、心靈的，是無形無相的，同時愛也是千變萬化的。

無所不包的愛，包括對神的愛

第一個對於愛作出廣義的定義的大概是埃里希・弗羅姆。他提出人間的愛不是只有狹義的男女之愛，愛包括父母之愛、兄弟之愛、朋友之愛等，這是把愛的定義擴大了。他認為愛不限於情侶夫妻的男女關係的愛，還有父母對子女的愛，子女對父母的愛，還有兄弟姐妹之愛，這是一種從小長到大一起生活的手足之愛；另外還有友誼之愛，朋友之間也能產生一種愛的關心。

再從歷史上看，西方是信奉基督教的國家，基督教興起後西方的原始宗教都被消滅了。本來全世界包括歐洲各地方都有原始宗教，但是基督教興起後，把歐洲的原始宗教一個一個都撲滅掉了，古老的信仰都沒有了，於是人們都去信了上帝。所以西方中世紀以來人們普遍信仰基督教，弗羅姆把這種愛稱為對神的愛。對神的愛也成為一種愛的本質。

這種對神的愛，各位如果有興趣可以看一本書，是美國心理學家威廉・詹姆斯（William James）的著作《宗教經驗之種種》（The Varieties of Religious Experience）。這本書非常有名，我們臺灣至少有兩種翻譯本。威廉・詹姆斯是美國心理學之父及實用主義哲學家，這本書是從心理學考察各種宗教的經驗。實際上宗教經驗裡很多涉及到情感，包括很多修女把耶穌或上帝當成自己的父親，甚至於當成自己的丈夫，在基督教、天主教裡是有這方面文獻記載的。這是一種移情的愛，對神的愛可能不是全部單純，可說這是愛的一種變形。總之弗洛姆是站在西方人的觀點來看，把對神的愛也列為其中的一種，這是一種比較廣義的愛。

佛洛伊德學說的負面影響

心理學界一般來說以前不大願意去碰心靈（Mind），心靈是很難實驗的，況且是心靈裡的愛，這就更難測試了。心理學一般研究的對象都是可以觀察實驗的，是可以得到可靠科學證據的，心理學必須建立在這上面，任何結論是任何人來作實驗都會得到同樣的結果，只有這樣子才叫科學，這不同於理論上的各說各話。比如用科學的標準來衡量，很多理論被推翻，包括二十世紀影響最大的心理學家佛洛伊德的理論被嚴厲地批判。各位可能讀書過程中接觸過佛洛伊德的理論，所謂「本我（Id）」、「超我（Superego）」與「自我（Ego）」，這是他的人格分析的基本理論架構。「超我（Superego）」與「本我（Id）」要有一種適當的調和，才會成為一種健全的「自我（Ego）」。這個理論影響西方世界至少有一百多年，包括臺灣心理學界對佛洛伊德的學說也是侃侃而談、深受影響的。

那麼「本我」、「自我」與「超我」的人格學說是不是科學呢？不是的，這是一個理論的建構，像潛意識的說法也是理論，沒有建立在堅實的科學基礎上。所以現在學界紛紛批判佛洛伊德的學說，特別是佛洛伊德學說裡很重要的「潛意識」說。他的「潛意識」說提出性的關係，且把一切都用性來解釋。佛洛伊德把性當作原動力，他認為人從小孩子起就有性意識，提出「戀母情結」、「戀父情結」這些東西，再借用希臘神話造出「伊底帕斯情結說」等等。這些講得也頭頭是道，廣泛流傳，使得社會上很多人都引用佛洛伊德的學說。因為佛洛伊德理論說小孩子有戀父戀母的情結，所以就有很多人主張小孩子生下來就不能與父母睡在一起，以免激起小孩子的這些情結，怕亂倫，所以西方很多小孩子生下來就與父母分床睡。但是在東方文化裡沒有這些現象，我們不會想到小孩子會有什麼性幻想，有什麼情結可能亂倫，我們理所當然認為小孩子要受父母照顧，要睡在一起。西方人不是這樣，他們認為要有嬰兒床與父母分開睡，這些其實都是受佛洛伊德的性學觀念的影響。

愛由胎教開始

那麼一個小嬰兒生下來有沒有性的潛意識呢？我們回想一下，我們生下來有沒有戀父戀母的情結，沒有那麼嚴重吧!?我想最多小孩子到了六七歲會玩扮家家酒遊戲，扮新郎、新娘呀，那不見得是性意識的作用，應該是小孩子的好玩在做遊戲，學習不同的角色而已，並沒有成人世界所想所知的性的潛意識和關係，所以美國近來也反省了這種西方文化造成的嚴重惡果。像西方人生下來就與母親就隔離了，讓護士去照顧，後來覺得這樣不好，慢慢調整說白天嬰兒可以與母親在一起，晚上由醫院集中照顧，還是分開的。

總之美國透過親子關係的研究，慢慢發現佛洛伊德學說影響下的對待親子關係的方式是不好的，所以要加強親子的關係。此外還提倡人工哺乳，不要牛奶之類的，強調人奶與牛奶等的成份不同。人奶是大自然的設計，能加強嬰兒的免疫力，很好調適嬰兒身心，較好適應生活環境，人奶是最好補品，不是牛奶等所能取代的。綜觀二十年來美國有不少學者呼籲重視親子關係，要從嬰兒生下來就開始建立。

其實中國至少從周文王開始就重視胎教了，如果等嬰兒出生再建立教育和親子關係就已經晚了，因為從受孕的時候母子關係就建立了。嬰兒還沒有出生，母親就透過自己的言行一舉一動和食物營養促進與孩子的關係和溝通。這種溝通，你不要以為孩子沒生下來聽不懂，他會多少感受到。南懷瑾老師有一對學生夫婦，他們相貌不佳，我這樣說不是以貌取人而是陳述事實而已。他們夫妻倆都是學佛的，太太每天念法印咒，先念觀世音菩薩的咒，觀音菩薩的化身很多，像也很多，她選了一張最漂亮的觀音菩薩的像來觀想，天天觀像念咒念佛，生下來的小孩子真是青出於藍勝於藍，超越了遺傳的基因，長得很漂亮，我們都說不可思議。這可以說是宗教的奇蹟，也可以說是母親的愛給了小孩子恩惠，完全超越遺傳基因。

心與腦的異同與關係

這裡我們換一個角度講心和腦的關係，這個問題到今天坦白講還是說不清的。在我們傳統中醫學裡沒有提到腦，都講心。當然到了現代我們都接受解剖學的觀念，強調腦。但是現在又有人把腦說成心，這當中有不同的理解和不同的定義，會有一些混淆。心和腦是很大的題目，包括臺大的通識課程裡對於心和腦的關係也是沒有定論。在古代西方，亞里斯多德（Aristoteles）認為心就是指心臟，是 heart。各位知道影響整個西方文明的除了基督教之外就是哲學，西方哲學根源於希臘，希臘哲學影響最大的就是柏拉圖和亞里斯多德這兩位大家。柏拉圖的影響基本上是偏重於形上學的，中世紀的基督教神學也是受這兩位哲學家的影響，如奧古斯丁（Augustinus）就是受柏拉圖影響，湯瑪斯・阿奎那（Thomas Aquimas）是受亞里斯多德的影響。

亞里斯多德認為心就是heart，就是心臟，那時還沒有頭腦的觀念。對於腦的認知比較有影響的具體化觀念是文藝復興以後的事。文藝復興從義大利興起，其中就有比較重視解剖學的科學潮流，特別是人體解剖比較有系統有規模。我們中醫對於人體解剖是從來不去碰的，手術治療也是很少的，儘管有華陀研究麻醉藥，做做開刀手術，但是這樣的例子比較少。中醫基本上不開刀，大多是小手術，大手術很少。中醫基本上以湯藥為主，配合針灸這些方法。

各位到義大利遊玩，有沒有去看比薩斜塔呢？一般人逛一下斜塔就走了，其實比薩斜塔旁邊有一間大學很古老的，文藝復興以來就有，他們的解剖學是公開教授的，我進去參觀過。那解剖室有一個長方形的桌子，大體就放在長桌子中間，人站在桌子兩旁都可以看解剖的進行，他們的教學就是這樣如實。他們從文藝復興就開始重視解剖學，取得很多成就，例如由此發現和建立血液迴圈理論等等。我們也可以講《黃帝內經》也有這些了，但是沒有他們說得那麼清楚。西方的血液迴圈的發現和理論的建構比《黃帝內經》要晚得多，但是西方是以非常清楚的面貌出現，《黃帝內經》卻是很模糊的讓人讀不懂的，甚至於需要以現代的知識去解釋，而西方是以實驗、運用數據和理論來說清楚、講明白。

學術辯論的氣度

西方學者的理論和實踐是不怕批評的，中肯的批評只會起到後浪推前浪的作用，西方的知識和學術的累積是這樣。作為一個老師，教授知識要說清楚、講明白，說錯了沒關係，學生可以批評老師，這樣學生就可以更上一層樓，亞里斯多德就這麼說：「吾愛吾師，但吾更愛真理」。西方秉持這種精神，所以批評老師不是不尊師重道，西方人認為在真理面前沒有師生之分，求真理就要超越任何人為關係的限制。所以老師教知識一定要講清楚，讓學生學得明白無誤。這不像東方的老師可以保持神祕，講含糊的話讓學生去猜，如果學生猜對了，老師就說學生很聰明，如果學生猜錯了，老師就說學生很笨。當然這也可以視為一種讓學生自己參究的方便法，但有的老師教書不敢講清楚說明白，講得太清楚，學生會提出質疑，老師難以回答，因為東方老師的尊嚴是不能侵犯的，可以說東方和西方師生關係的不同。

西方學者的特性就是這樣，他們認為真理越辯越明，中國二千多年的文獻依比例基本上找不到多少辯論的記載，尤其是師生的辯論更少的，很難找到學生駁斥老師的。但這在西方是不難找到，老師受學生的批評也不覺得羞辱，甚至於認為收了一個得意的學生能夠推翻我的學說。東方大致說來只有禪宗有這個氣度，認為學生應該超過老師，才是好學生，老師不怕學生超越，學禪成佛哪一點需要怕學生超越老師的呢？沒有的，修禪有成超過老師是大好事。

在戒律和孝道中的生理學、醫學和養生學

我們轉回來看，佛經一直講心的問題；還有儒家也是一直講心，講格物致知。我們對生理上的心比較少去瞭解，只有道家講性命雙修，講命就要從生理上去研究。這是道家與佛家儒家的不同。道家要修命，要研究命，當然也就要從生理結構和生理機制上去瞭解，所以在《道藏》裡留下不少醫學著作，如孫思邈（唐代著名醫者，被譽為藥王）

幾部好的醫書都收在《道藏》裡，大家把醫學當成道家的一部分來研究。中國文化思想談心，也談了兩千多年了，包括禪宗講明心見性，還有儒家講格物致知，都是要達到修行的最高境界。但是生理上要不要去研究呢？其實原始佛教有生理方面的研究，雖然你在其他的一般佛經裡看不到，但是在佛教戒律裡有生理的和預言疾病的這些記載。中國佛教認為戒律是出家眾看的，在家眾不能看，這好像是不成文的規矩。但是現在大藏經已經可以普及閱讀，人人都有機會看到了。

在古代要看到大藏經是不容易，要讀到戒律更不容易，現在時代不一樣了，你要研究佛教，佛教講戒、定、慧，如果不瞭解戒，怎麼修定、修慧呢？這戒與生活起居有關的。佛經裡有關養生的事項，都在戒律裡了，包括過午不食等，這些都有養生意義，可以與生活調配，原則上講究少吃，不要暴飲暴食，諸如此類。再如對風寒的處理，戒律上都有，我們較沒去注意研究。儒家當然有對生理的研究，也有一部分與中國醫學結合。儒家認為作為子女不懂醫療，你就沒辦法成為孝子，為人子女要具備應有的醫學常識，父母有什麼疾病徵兆，子女就要知道，預先發現疾病的徵兆，不要等父母發病時才找醫生，這就遲了一點。傳統讀書人認為要讀中醫，如一本比較有名的書叫《儒門事親》。「儒門」指儒家，意思說你是儒家的弟子，侍奉長輩，就應該懂得醫學常識，才能孝順父母。

心、腦、感情的關連

那麼過去從形上學、從心理學談心太多了，我前面講的愛的本質大致上也是從形上學說的，還需從生理上找一些根據，從生理上研究。我們中國人比較缺乏在生理上作研究，尤其是腦的問題。

我們對腦的認識從清末民初才開始有具體的瞭解，因為到了清末民初時中國人才開始較多接觸西方文化。有一位丁福保居士，他翻譯編纂了一本《佛學大辭典》，這本辭典在臺灣佛教界是非常權威的一本書，此書譯自日本人織田得能的《佛學大辭典》。丁福保居士本身是中醫師，他寫了很多佛經的注解，如《金剛經》、《心經》、《六祖壇經》等。他又編譯了這空前的佛學大辭典，這是在歷史上而言的，現在佛光山也編了佛學的大辭典，這是比較現代化的，但是在過去近一百年，我們都是用丁福保編譯的。

丁福保居士研究過日本的漢醫，日本當時已經接受西方文化，丁福保就透過日本瞭解西方的醫學，把西方醫學和中國醫學綜合起來介紹給中國。從那時開始中國中醫界除了要瞭解中醫之外，還要瞭解西方由解剖學建立起來的一個很具體的人體的生理結構及組織等，而不是停留在傳統的經絡理論。當然經絡理論很重要，但人體結構組織上的知識還是要學習西醫，這兩個結合起來才完美。對於愛，或者廣義的情感，要在生理上找一個科學的根據，現在不會從心臟去找了，我們還是要在腦子裡找情感的根源，腦子才是情感的生理基礎，當然這腦與情感的具體關係還有待繼續研究。還有心臟和腦到底是什麼關係呢？這是一個未開發的領域，從西醫裡是找不到心臟和腦的聯繫脈絡，中醫的觀點能提供這方面的線索。中醫講心脈，心與腦是相通的，這裡面包括人的情感活動與如何認知的問題。

人腦結構的進化

我們現在先不管心（heart）這部分，就腦的部分而言（腦組織的問題不是我們今天談的題目，那是醫學院專門的研究），腦細胞至少有兩千億以上，及腦細胞間上兆的突觸，基本結構為「神經元」（neuron），「神經元」有細胞之間傳遞資訊等功能。腦有兩個基本功能，一是電流的作用，它像一個複雜的電腦網絡，有一個通電的過程；另外是一個生物化學變化的過程。腦通過化學變化和電流來傳導生理上的訊息，這都是在腦細胞之間極快速通過的，同時發揮腦的功能。對於這整個生化變化和物理變化（電流等），有興趣的人可以購買相關的書來看。

以前臺灣出過一本書叫《瞭解你的腦》，是大中國出版社出的，現已經絕版了，但是這本書非常好，是一個經典著作，作者是一位得過諾貝爾獎的美國學者，現在已經過世了。這書完全用生化來解釋腦的，講得很詳細。書中說到我們大腦左右半球之間有一個橫溝，左右半球結構之間怎麼樣互相支援，以及人類知識的範圍。人類的知識是透過這些腦的活動產生的，書裡詳細解釋人類的知識是怎麼變化出來的。這書比較偏重講大腦皮質，講知識的產生。我們講的愛主要由腦的邊緣系統來支援的，這是根據比較新的醫學觀念。今天我們不談複雜的生化理論，而談腦的大致結構，我們用新的名詞來講，依據腦不同的性質與功能，根據生物在地球上進化的先後階段來劃分腦的演變程度。第一類是爬蟲腦，各位看過腦解剖圖，從脖子、脊椎的末端進入腦的部分，是粗粗圓圓壯壯的結構，就是「爬蟲類的腦」。

從爬蟲腦開始產生的演化

在生物進化階段，爬蟲類的生物是由爬蟲腦起作用。爬蟲腦在進化到人之後還留存

人腦裡。這個腦區基本決定了我們的生理作用，如呼吸、吞咽、心跳，還有驚嚇。驚嚇不是我們能決定要不要的，而是我們身不由己，不能控制的，也不能制止的，這就是爬蟲腦的生理作用。因為驚嚇是生物保護自己生命的重要功能。對於一般動物而言，若不會作出驚嚇反應，你可能就會遇到危險反應不了而被別的動物吃掉。驚嚇反應很快，類似反射作用，不要你意識作用，自然而然極快作出反應，如果你慢一下，就晚了、完了。像爬蟲類的鱷魚比人類的生存歷史還要久，小鱷魚生下來就很警覺和易受驚嚇，不驚嚇就易被吃掉。

從進化論的觀點來看，哺乳類生物是從爬蟲類生物演變來的，哺乳類在六千五百萬年以前，甚至更久遠時候就有了。六千五百萬年前大概是恐龍滅絕的時候，恐龍滅絕原因的流行說法是外界星球撞擊地球，造成大災害，形成空氣污染、氧氣稀薄和氣候巨變，類似大規模核子彈爆炸，這使恐龍滅絕。哺乳類生物在恐龍滅絕之前就有了，哺乳類生物是靠吃奶長大，這和爬蟲類生物不一樣。爬蟲類生物基本上是生蛋繁衍後代，絕大多數爬蟲類動物對於所生的蛋是沒有什麼感情的，不像雞，雞比爬蟲類生物要進化得多。雞對於所生的蛋有感情，會主動孵蛋，對於小雞很有感情。但是大多數爬蟲類生物不會孵蛋，而是生出一大堆蛋然後到處爬，蛋生不生出幼仔好像與牠們無關一樣，因為爬蟲類生物腦裡沒有滋生情感的系統。

哺乳類生物是把寶寶從其身體內生出，然後用身體哺乳養大幼仔的。像澳洲袋鼠，幼仔生下來時太幼弱，就把幼仔放在袋子裡保溫守護。澳洲袋鼠其實是更為遠古的袋鼠衍生進化出來的後代，袋鼠可以說是很古老的動物。哺乳類生物身體都長毛髮等，爬蟲類生物的特徵是長鱗片，哺乳類生物的鱗片在漫長的進化過程中慢慢蛻化掉了，演變成全身長毛，這些都只是外表特徵。哺乳類生物最重要的是有第二種腦，我們稱之為邊緣系統，這是一八七八年法國的醫生保羅・布羅卡（Paul Broca）首先發現和命名的。他發現人的頭腦是分層次的，而在他所處的十九世紀已經發現了第三種腦，就是大腦新皮質，這是人類最後進化出來的新的腦體。在爬蟲腦裡和大腦新皮質之間有一個層次分明的界限，這就是布羅卡發現的第二種腦——邊緣系統，其功能有參與調解動機、情感、學習和記憶。

我們現在把腦蓋骨打開，先看到的就是大腦的新皮質，它像「安全帽」一樣，把爬蟲腦和邊緣系統蓋起來。這大腦新皮質是人類進化後期的產物，可能也就只有幾十萬的歷史。大腦新皮質的產生究竟是在多少萬年前呢？人類學家是有不同的說法的。什麼叫人？人類的進化史怎麼分期？人類進化史上也分很多種人，有類人猿、智人、原始人等，我們只能籠統判斷，這在多少億萬年的宇宙史上，人類史不是很久的。各位到博物館去看早期的原始人，頭尖尖的。頭尖說明還沒有發展出來腦皮質，下巴是大大的呈三角形，這說明他們吃東西的咬力很大，可能不會取火煮食物，吃生的東西所以牙齒下巴發達，力量大能咬硬物。

我們看哲學家的頭往往呈現倒立三角形，下巴很小，與原始人的頭型是相反的。哲學家腦子發達，喜歡思索，像邏輯思考、抽象思考等，或者可能用腦過度，身體衰弱胃腸不好所以下巴尖了，哲學家的面相大多是這種形態。反過來原始人身體非常強壯，體力非常好，不像我們現在的文弱書生。原始人因為沒有腦皮質，不怎麼會思想，他們是憑直覺生活的，用爬蟲腦維持生命，很敏銳，只要風吹草動，原始人就知道有什麼事要發生了，這是自然本能。人類後來第三種腦皮質發達了，才會思考，才能追問為什麼、探索各種問題。

各位看，一直到一八七八年才有人正式在學術上定義大腦的新皮質，新皮質就是新長出來的一層腦區，白白的像石灰一樣。我們到醫院裡看解剖出的人腦，浸泡在藥水裡，表面是白白灰灰的，有很多紋路，包括愛因斯坦的大腦現在還泡在藥水裡保存著。布羅卡發現腦皮質下面一層的，和腦皮質有一個分界限，像馬蹄形的圍繞爬蟲腦的那部分，他就把它稱作「大邊緣葉」。這名詞過去一般人不知道，現在流行起來稱「邊緣系統」，就是指那一層腦區。腦部不僅如此，還有結構性的部分，包含杏仁核和海馬迴、扣帶迴等十幾個在內。腦子裡決定情感和愛的就是在邊緣系統，而外面的一層就是大腦新皮質，它決定了人類與動物的不同。

何其短暫的人類文明史

人的源起上就是動物的一種，而且是所有動物裡最晚出現的，連蟑螂、老鼠等動物對於人類而言都是地球上的「原住民」，比人的歷史早太多了。依人類學的說法，如果放寬人的定義，人類歷史大概可以上溯到三百五十萬年，真正像人的如周口店原人也至多不過十萬年。依中國文化古國而言，周朝成立時離現在三千多年，如果向前推夏商，再前推三皇五帝，直到沒有文字的伏羲氏至今也就六千多年，都不到一萬年。可想而知人類進入文明社會的歷史，在地球史上是非常短的一剎那而已。真正人類的文明史，以中國而言沒有文字的文明史可以追溯到伏羲氏，而中國人有文字的歷史要從商朝的甲骨文算起，甲骨文一直沿用到周朝初年。總之形成我們認可定義的「人」的歷史是很短的，即使廣義的原始的「人」可以上溯三百五十萬年，也是非常短的。我們傳說的文明史如自伏羲氏開始至今也不到一萬年，這就更短了。

人類與其他哺乳類動物的不同之處

大腦新皮質最重要之處就是使人類脫離其他的哺乳類動物。因為有了大腦新皮質才使人有了抽象思維的能力。人的思維有了抽象能力就可以使人產生語言，可以說話，能夠發明文字。語言文字是抽象的，像「桌子」一詞，所指可以是具體的、圓的、方的、高的、低的等等種種形態的方便使用來放物品工作的東西。統稱為「桌子」則是抽象的指稱，它不是指某一具體形態的桌子，它是抽象而超越各種不同形態的桌子，我們將之抽象思維起來，才統稱為「桌子」。「人」這個字也是抽象思維的產物，人有千萬種人，有無數個體個性，「人」這個字把億萬的人抽象概括統稱起來。我們講的話，形成不同的文字，都是抽象思維的作用。

這抽象思維是其他動物沒有的，即使哺乳類動物也沒有。哺乳類動物本能外有邊緣系統，有情感，但是沒有抽象的意識、邏輯思維的能力。有組織有系統的語言文字是人類特有的，其他哺乳類動物沒有這些。各位有沒有養過貓狗，貓狗講什麼話，你不知道，你也不知道它聽懂不懂你的話，貓狗是比較高級的哺乳動物，靈性相當高了，你看牠們發出的聲音基本是與其本能有關的，也有情緒的反應，但基本上不豐富。如狗對於主人很忠心，貓會眷戀主人，這是某種程度的愛，但是牠們說不出來，牠們沒有大腦皮質來表達，但是你可以感受到牠們的意思。人與哺乳類動物都有邊緣系統，所以會有共鳴。人與貓狗可以不必講話，你摸一摸牠，牠就會很高興，所以很多人喜歡養貓狗等哺乳類寵物，因為人與寵物之間有情感的共鳴，那是邊緣系統起的共鳴作用。

相反地人與爬蟲類動物相處就不容易共鳴，你看爬蟲類的蜥蜴，或者到水族館去看鯊魚，你無論與它們怎麼相處，你看它們的眼睛，沒有任何反應，感覺不到牠們有情感。它們對於人的反應是：你有沒有危險性？它應該逃離還是留下？人與爬蟲類動物不會產生感情上的共鳴，人與哺乳類動物就可以，這是由於兩者的大腦生理結構上就有這樣的作用。因此大腦皮質是很重要的，大腦皮質經過這一、二百年的學術研究，成果豐碩，我們瞭解得比較清楚了。比如大腦皮質受到了損傷涉及視界皮質，就會引起盲視。盲視就是眼睛沒有問題，但是就是看不清楚。人自己以為看不見，實際他看得見且對光有反應，這都有案例的。盲視會產生錯覺，美國有一個案例是太太把先生當成山羊來看，她

看東西變形了，這是由於她的大腦皮質上的視覺神經受到傷害。

大腦還有一個有關運動的皮質，比如腦中風就是這有關運動的皮質受損了，傷害到腦細胞我們就身不由己，控制不了自己的行為，沒辦法作正常的神經操作。具體如何鑒定呢？要看傷害的程度多少而定。現在醫學發達，尤其是西醫的檢測儀器越來越進步，如腦波圖、核子共振等可以照出腦波像波浪起伏以及腦部諸多實況。還有大腦皮質有直線下垂的線，現在正在研究這線可能是人意志的生理來源的線索。意志和感情是很難研究的，從腦波圖上去研判，可能這線帶有意志作用。意志簡單說就是不能這樣，你卻偏要這樣，自己有自己的主張，這就是意志。意志應該就是大腦皮質產生的作用，比如說我處於逆境很苦，我偏要努力奮鬥，努力成功，不甘於現實，找出一條路來，這就是意志，這是大腦皮質產生的作用。人決定做什麼志業？怎麼計劃？怎麼展開行動？與大腦皮質起的作用有關。

腦部整合外界資訊與內在狀況

人腦有爬蟲腦、邊緣系統、大腦皮質三重結構，邊緣系統與大腦皮質的組織結構是不一樣的。國外作過很多科學實驗，就是邊緣系統受傷了，就會有很多異常的反應，但這又不能拿人類來實驗。美國人拿猴子來做實驗，把猴子腦的邊緣系統破壞了，結果猴子性情大變。又如拿老鼠來做實驗，把它的邊緣系統破壞掉，牠對牠的母老鼠、小老鼠就無動於衷了，好像母老鼠、小老鼠與牠不相干。還有，美國對於猴子做過一個最有名的實驗，小猴子生下來後就把它與母猴子隔離，再放兩個假猴子陪伴小猴。一個假猴子是外面用布包起來的，另一個假猴子是用鐵絲網纏成猴子的形狀，上面再放奶瓶。結果發現小猴子肚子餓的時候，它會爬到鐵絲網纏成的猴子上去找奶喝，當它不餓的時候，它經常爬到用布包住的假猴子上去抱假猴子。這表示說它需要擁抱和溫情，用布包的假猴子給它一種母親的感覺。這實驗在美國被許多心理學教科書當教材收入。

因此我們的情感和愛主要決定在腦的邊緣系統，那生物演化為什麼會從爬蟲腦發展出邊緣系統呢？其最主要的一個目的就是調整我們對於世界的瞭解，以及對於自身生理內在狀況和需要作調和折衷。佛經上常說到眼、耳、鼻、舌、身、意六根，色、聲、香、味、觸、法六塵，這邊緣系統等於說我們通過自己感覺器官（眼耳鼻舌等）、視覺聽覺等接受到的各種資訊（色聲香味等），同時也有自己的爬蟲腦反應出來的心跳、呼吸、吞嚥等生理功能，外界資訊和內在的生理世界，這一切最後匯集到邊緣系統。邊緣系統決定了我們應該怎麼做，也是整合內外資訊的控制中心，也是反應意識行為的中心，其中對於有些狀況是要很快反應的，特別是邊緣系統與爬蟲腦有關的，就會馬上反應出來，對於與生命相關的就會不假思考立即反應出來。有些是透過邊緣系統影響到我們的內分泌系統，內分泌系統如腎上腺等就會產生各種生理變化，使我們應付各種危機。

各位也許有這樣的例子，如坐公車、捷運，突然間遇上人進來，走到你身邊碰你一下，你會有什麼反應呢？你會不高興和生氣。這種意識行為的反應就牽涉到頭腦的應用，經過你的腦皮質，通過你的經驗，判斷這人是故意的還是不小心呢？是不是具有挑戰意味呢？還是偶然的沒有其他意思呢？這人是流氓還是不良少年，還是其他種人呢？我們的大腦皮質會根據經驗去加以瞭解和判斷，同時邊緣系統面對挑釁和攻擊要作出自我保護，結合爬蟲腦作出自衛的準備，採取應有的措施，這些都是很自然自動的反應上的轉換，同時腦神經組織起來，在臨界點上最後決定要不要付諸行動，那是最後決策。

母親與嬰兒間的緊密連結

這過程中你的生理起了變化，這時假如說旁邊的乘客對你投以一種同情的眼光，或者認同你，即使沒有言語，你會辨別且感同身受。人類最厲害的就是眼睛。有些眼睛方面的專家，可以從眼睛上解讀我們生理的各種狀況，情感的起伏等。嬰兒生下來就會產生愛的最大根源就是母親，我們看文學作品，歌頌父親的不多，朱自清的《背影》不算什麼，大部分人遇到危險災難時會叫「媽呀」，不會叫「爸呀」，因為母親十月懷胎，嬰兒生命成長的來源和營養等都是母親供應的，母子是生命的共同體。母親生一個孩子猶如在心頭割一塊肉，母親給予一個人完整的生命並且生下來撫養。其他的動物與人不一樣，如牛羊等生下幼仔，沒有多久幼仔就會站起來了。

人生下來時坦白講是未完成的生物，很脆弱，不能像牛羊的幼仔那樣很快站起來，而是要經過十個月左右才學走路，一點自立能力都沒有。雖然嬰兒的身體器官都長全了，但是所有的感官在胎時用不到，生下後要較久時間才能慢慢得到訓練和運用，比如生下來好多天後才會睜開眼睛漸漸看到近處的東西，耳朵才會聽到聲音。所以母親是最重要的，母親懷胎時要細心照顧這成長中的沒有完成的生命，讓胎兒好好成長。嬰兒生下來就應該與母親在一起，因為嬰兒與母親的心跳及生命規律是一致的。大家可以看母親一般用左手抱孩子，因為這樣孩子接近母親的心臟，可以聽到母親的心跳，母親會覺得這樣很貼心，孩子會繼續接受母親的資訊和溫情，男人是不懂這些的。嬰兒生下來瞭解世界最重要的是依靠眼睛，他會仔細看面前的母親，然後再看周遭的世界，對於母親的表情，嬰兒看了記得非常清楚。

關於母愛的實驗

在十三世紀，一位神聖羅馬帝國皇帝做過一個實驗，他叫腓特烈二世。他對語言的起源有興趣，他想知道如果人生來沒有受過任何語言教育會說什麼呢？他找來一批剛生下來的嬰兒，找一些保姆來餵養和照顧嬰兒，但是規定不準這些保姆與嬰兒講話，也不準與嬰兒玩遊戲。腓特烈二世想知道小孩子從來沒有聽到過人的講話，以後會說什麼出來？這種實驗也只有古代的國王可以做，現在科學家是不敢也不能做這種有悖倫理的實驗。腓特烈二世安排的實驗裡，所有的小孩們不到兩年全部死掉了。這些小孩的營養和照顧都是好的，沒有問題，但因為這些孩子聽不到人聲，也沒有人與他們溝通遊戲，因此都寂寞死了。做過母親的人就會有這樣的經驗，如果母親對嬰兒面無表情，嬰兒就會嚎啕大哭，因為嬰兒看到母親面無表情，因感受不到母親心意而驚恐，所以做母親的都會安撫嬰兒，逗他玩，嬰兒都會感受這份愛和情感。

美國有一個很有名的實驗，拿一張桌子，上面放一層透明的玻璃，桌子的一半懸空，一半在實地，然後讓嬰兒爬這桌子。嬰兒在有實地的一邊開始爬，臨近懸空的那一半時就不敢爬過去。我到過加拿大多倫多的鐵塔，鐵塔高處鋪了一層玻璃，下面是空的，很多人不敢過去。這層玻璃懸空離地面有一百多公尺，雖然大家知道玻璃很結實，人走上去不會破，但是許多人還是很害怕不敢過去。嬰兒也是這樣，看到玻璃下是懸空的，就不敢爬過去了，這叫視覺的「懸崖」。這時母親在懸空的那一邊對著嬰兒笑而不說話，小孩看到母親的表情就知道沒有危險了，也就不驚慌而慢慢爬過去。

這個有名的實驗說明了嬰兒從母親的表情上就知道可做還是不可做，不需要言語，這也可證明嬰兒生下來瞭解世界最重要的是依靠眼睛。眼睛是「靈魂之窗」，母親與嬰兒眼光的接觸和交流是非常重要的。世界上做過很多很多的研究和實驗，共同的結論是：一個越多得到母愛的人安全感就會增加，缺乏母愛的人就缺乏安全感。假如母親對待孩子時好時壞，這孩子容易產生矛盾的性格，遇事會舉棋不定，心態搖擺。

以上舉出的是心理和生理結構上的科學發現，強調對於腦的邊緣系統的重視以及人在成長過程當中的母愛的重要性。人長大了都會離開母親，但是在長大之前是不應該離開母親。小孩子三、四歲的時候還會牽媽媽的手，七八歲可能就比較不會了。假如孩子到青春期了，他就會希望過自己的生活，要求獨立了，但是人從成長期到獨立生活的時間比世界上任何動物要長得多了。有的動物生下來就獨立了，有的動物三兩天後，或者一周後、或者一個月後就能獨立生活，母獸和幼獸之間很快就沒有緊密的關係，但是人的親子緊密關係要維持相當長的時間。

這裡要講的是在西方文化裡，他們再度強調兩歲之前，也就是學走路之前的孩子與母親的關係是息息相關的，這是任何健全的托兒所都沒辦法替代的。美國做過調查，孩子在無菌的很衛生的全天型托兒所，他們的發病率都要比一般的高出很多。因為孩子缺少愛，缺乏母親的愛和家庭的親情，孩子就會長得非常脆弱。

佛門兩類修行人著重於腦部不同的結構

佛教強調我們所有的修行，不管是念經念咒還是打坐的，事實上在整個宗教裡可以分成兩部分，其一很多宗教活動是訴諸於人腦的邊緣系統的，這是說宗教團體形成的氣氛，或者同門之間形成的情誼，這構成很大的吸引力，人很需要人與人的心靈共鳴。

宗教活動實際上有兩個方面，以佛教來說，這從釋迦牟尼佛以來就是這樣。一個是走信的道路，這與腦的邊緣系統和情感方面有關的。有的人是需要情感的寄託，也就是說從情感方面來參加活動而得到滿足。儘管是成人獨立，不像小孩子那樣需要愛，但是還是需要成人那種愛，這也可以在宗教裡找到。在信奉同一個宗教的群體裡，在聚會過程中，人與人之間容易有信仰和情感的共鳴，如我們平常講的「共修」就包含有這樣的信仰和情感的共鳴在其中，大家一起修與一個人修是不一樣的。這就是訴諸邊緣系統的情感作用，走信的法門。

釋迦牟尼佛講原始佛教時說到第二種是法的法門。前面講信，信就有情感在其中。講法是比較理性的，要應用到大腦皮質的。如講經說法等，很多是用到大腦皮質，讓人瞭解道理。因為講經說法是抽象的道理，你能不能體會，這就必須要修了。這就是佛經上講修行人有信行人和法行人這兩條道路之別。有一些人參加宗教活動如朝山、跪拜等等，就很高興，也有一些人則喜歡聽道理，訴諸於不同的人就有不同的需求和偏重。這兩條道路並不衝突，可以滿足不同類型的人的需要。宗教法會是包括情感性的，講經說法的佛理的研究，是針對那些理性很強、很有邏輯觀念的人。

能修補腦功能的第六意識

我們再回過來談腦，大腦皮質和邊緣系統這兩個有什麼關係呢？雖然看起來是兩個，但這兩個事實上是可以互相影響的。國內翻譯了一本書，叫做《訓練你的心靈，改變你的大腦》。這本書是全世界是最有名的頂尖的腦神經學家，他們每年與達賴喇嘛舉行一次會談。這些腦神經學家希望達賴喇嘛給他們開示，達賴喇嘛希望這些腦神經學家提供成果資訊。這本書是通過十幾年的會談交流互動的結果，可以證明我們的意識可以改變我們的大腦。我們佛教修行一直講第六意識，這第六意識就是大腦皮質的。我們先不談八識，第六意識讓人有清醒之道，知道是什麼，不是什麼，第六意識影響了大腦。這在很多書裡已經得到證據了，就是說我們的生理結構不是一成不變的。

加拿大有一個很有名的腦神經科學家，他治療了很多腦神經器官性的損傷，可能按照西醫觀點是不能治療的，認為器官性是恆久性的傷害，但這研究的結果證明腦細胞是活絡的，可以自動調整的，腦神經受到傷害，還是可以通過另外的線路運作。比如說這次颱風來了，很多橋樑斷了，施工單位馬上在旁邊建立一個便橋便道。我們腦神經也是類似這樣，需要你給腦適當刺激，給予時間和密集訓練，腦神經就可以修補了，雖然不能無限修補，但是至少部分可以達到治癒，恢復功能，這也是我們佛教講的心能轉物的原理。心能轉物要從哪裡轉呢？那就要從我們的意識著手，意識改造的結果能影響到生理上改變結果。

這個主題是很深奧的，全世界還在繼續研究，包括腦本身的神祕還沒有揭開，還有腦和心臟之間到底有什麼關係？講心是心臟是全錯呢？還是部分對呢？這是全世界還要深入研究的，在此僅大略地向各位介紹，謝謝！

三、大腦深處——探訪潛意識

二〇〇八年十一月 講於十方禪林／台北

期待佛教心理學的專著

佛法超越語言文字，有很多東西是無以言傳的，我們學習體會，一輩子可能研究不完。這裡跟各位報告佛教心理學，這題目很大，而我也很久沒有談這個題目，大概二十年了。二十年前哥倫比亞大學邀請我去講佛教的心理輔導，那時日常法師也來，我們第一次見面就在哥倫比亞大學。

為什麼要提到佛教心理學呢？儘管我不是這方面的專家，但是我覺得這對佛教、對大家蠻重要的。因為外國基督教有基督教的心理學，有基督教的心理學輔導，我在十年前也建議過建立佛教的心理輔導，與有識之士們辦了一個研習營，後來也有了一點佛教心理輔導的實務。但是到目前為止（按：指作者演講的時代現況），臺灣還沒有佛教心理學和心理輔導的專著，我一直希望有人來寫。今天的講說只是起一個頭，期待各位可以從佛教裡取得很多很多的啟示和靈感。

西方心理學在台灣的概況

要建立佛教的心理學，一定要瞭解現代的心理學。現代心理學發展至今有一百多年的歷史了，可以說二十世紀成果豐碩的學科之一就是心理學，甚至於有人說二十世紀是心理學的世紀。國外的心理學研究風氣很興盛，我一直覺得佛教要進入到現代，讓現代人理解，一定要吸收現代的學術研究成果。西方心理學到目前為止的研究偏重在感覺的心理學，包括神經生理學和神經心理學，但在心理和生理的研究基礎上對於佛教所言的「心」，還未入門。

我們臺灣三十年來一般流行的是西方心理學的行為學派。各位都讀過斯金納（Skinner）的《超越自由與尊嚴》（Beyond Freedom and Dignity）等著作吧，行為主義學派他們都偏重於把心排除在外，所以臺灣心理學前三十年的主流派也是如此，到了近十幾年來才開始建立人文心理學，包括張老師的心理輔導大部分採用人文心理學，主要是卡爾．羅吉斯（Carl Rogers）這一派，強調認識自己，或者說做你真正的自己，另外一派是佛洛伊德等代表的精神分析學派。精神分析學派在臺灣還沒有人正式應用到臨床的心理輔導上，精神分析在美國是收費最高的，而且效果很慢，要解析你心理毛病到底出在哪裡，然後找出癥結。

精神分析挖掘人們遺忘的記憶創傷

我簡單向各位報告，精神分析最重要的就是追溯到童年的創傷記憶。精神分析學派的基本觀點就是：瞭解你的病因，你的病就會好了一大半了，問題是人不瞭解自己的病因。人精神上的病因的起源很早，所以佛洛伊德說的潛意識也包括人遺忘掉的東西，而人的遺忘是有很多原因的，但正常人的遺忘是有應該遺忘的部分。

我看過一本小說叫《耶穌傳》，希伯萊人寫的，很有趣。書中寫道耶穌和當時羅馬總督彼拉多、出賣耶穌的猶大都同時投胎到二十世紀來。基督教沒有轉世理論，但是這本小說卻讓三人都同時轉世到同一個時代，又因緣際會三人聚合在一起，然後要追憶和瞭解二千年前發生的事情。這本小說第一句話就講：對於人類來說，有時遺忘比銘記還要重要。各位認不認同呢？

我們所受的教育是要我們記憶，但是人生過程中的許多東西是要忘掉的，這是人自我保護的機制，很多時候在某些事情上，你不忘記就會傷害自己，否則過去諸多的心靈創傷常常會一下子湧現到心頭，你會受不了，甚至於想自殺。如果連到三世輪迴看，你記得前世做過的罪惡，你恐怕就會崩潰，活在我為什麼犯下這麼多罪的記憶陰影裡。所以遺忘從一面來看有保護我們的作用，有正面給予新人生機運的功能。

然而佛洛伊德講的遺忘不一樣，專指那讓我們傷心的人事物，我們故意把它遺忘掉，也就是壓抑到我們的潛意識裡，然後在我們的成長中起潛在的不知不覺的干擾作用，所以說也不是真正忘掉，而是藏伏在潛意識裡，不時影響我們的心理和行為，成了各種病癥。因此佛洛伊德理論要求找出心理行為的病因，其中很重要的是要做夢的解析，要求寫夢的日記。那麼，各位有沒有寫夢的日記的習慣呢？

透過寫夢的日記觀察潛意識的活動以了解自己的狀態

我十幾年來一直鼓勵人們寫夢的日記，有許多人問我他昨天夢見了什麼，這夢表示什麼意思呢？我說夢有很多種類，僅一天的夢不算。做夢有很多原因，一般性的很有可能是你白天受到某些刺激，影響到你晚上的夢，但夢的奧妙不僅如此，此處先不談。這裡先要講的是，只有人經常做的夢才有象徵意義，亂七八糟的夢不代表什麼，只能說明你心裡混亂，依佛教的話講就是妄想很多。所以儒家、道家說「至人無夢」，以心裡清淨為人的至高修養。如果你沒有到「至人無夢」之地，既然有夢也可以透過夢來瞭解自己。當然打坐也有助瞭解自己，寫夢的日記則是一種重要方法。

如果你從今天開始寫夢的日記，寫三個月或者一百天看看。做夢有一個要點，就是你淺睡時有夢，真正熟睡不會有夢，特別是將天亮你快要醒來的淺睡期容易有夢。人的睡眠有高有低，整個晚上睡的程度會高低起伏，你可能晚上做了很多的夢，但你醒來前的淺睡的夢比較容易被記得，前面那些可能想也想不起來了。所以你要在床頭準備筆和紙，一醒來不要做別的，立刻寫下來。不然你吃完早飯就會忘了那些夢，夢是很容易忘掉的。

這樣寫夢的日記的好處就是能夠把一百天的夢歸納起來，總結一下你一百天的夢主要屬於哪類的夢。由之你歸納到某一主題上來，這樣你大概可以瞭解這一階段你的潛意識的狀況，這是瞭解潛意識最主要的方法。當然打坐也可以瞭解潛意識的內容，打坐時可以回憶起許多忘掉的東西，有的是普通忘掉的，有的是創傷性的潛意識內容，這是不迷信而可以作自我精神分析的一種好方法。

猶大因害耶穌大徹大悟？

我們再回到剛才說的《耶穌傳》的故事，直到今天為止的神父傳道和一般相關書籍，流行說法都講猶大出賣耶穌，說因為羅馬總督獎賞金幣，猶大為了得到金幣才把耶穌出賣。但是這希伯萊文寫的小說講，除了猶大，耶穌的其他學生如十大弟子，都屬於受教育程度和知識層次比較低的，如做漁夫、做木匠的，都屬社會下階層的人，真正受教育程度最高的是猶大，猶大是猶太教裡的青年才俊。基督教出現之前是猶太教，猶太教有一個傳統，他們說救世主彌賽亞會降世，猶太國滅亡後，他們一直期待救世主降臨。耶穌說他是神的兒子，所以猶太教的教士們既希望又擔心，他們希望耶穌就是他們期待已久的救世主，但是又擔心耶穌是不是一個神棍騙子呢？所以猶太教的長老經過開會決議派猶大滲透到耶穌的身旁，偵察耶穌究竟是神的真兒子還是騙子？

猶大發現耶穌是有一些神跡，神跡在佛教裡也有，比如《高僧傳》裡就多有記載，尤其記載的以魏晉南北朝之前的較多，還有道教也有。猶大觀察到耶穌的能耐，就疑問耶穌有神通為什麼不讓羅馬帝國滅亡？那時羅馬帝國統治耶路撒冷地區，最後猶大之所以出賣耶穌是因為他一直要求耶穌顯神通，滅掉羅馬帝國，但耶穌一直不肯。耶穌可以變麵包，可以治癒痲瘋病人，但就是不讓羅馬帝國滅亡。耶穌說天上的歸上帝，地上的歸凱撒，凱撒是當時的羅馬皇帝，耶穌的表現看似不管政治，但猶大是猶太國的愛國主義者，他覺得你有神通，為什麼不現呢？這本小說寫道由於這個原因，猶大把耶穌出賣了，但不是因為貪求羅馬人的獎金，猶大家裡很有錢也受過很好的教育，不會貪求敵人的錢。

後來當耶穌被釘上十字架，耶穌也是人的肉身，他也很痛苦，他叫道：「主呀不要離棄我！」最後死在十字架上。那時猶大在一旁觀察，本來以為耶穌會至少會運用神通自救，看到最後什麼也沒有，天地沒有變色，暴起風雨雷電。猶大這時候依佛教的話說就是大徹大悟了，他說：「啊！我瞭解耶穌的話了。」這本書寫到猶大最後上吊自殺，似可謂「朝聞道夕死可矣」，因為他的錯害死了耶穌。這故事很有趣，今天依記憶才想起這故事，雖然是小說虛構的，但也頗合情理。

後人看蘇格拉底

老古出版社出版一本書《蘇格拉底也是大禪師》，這是包卓立（William Bodri）寫的，他原是美國華爾街做金融業的，突然有一天想開了，就辭掉工作跑到香港接近南懷瑾老師有十來年，最近回到美國去發展。他寫了這本書，以他認為的禪宗觀點看蘇格拉底，說蘇格拉底也是禪師。又有另一本書，書中寫到在希臘有一個人會看相，一看蘇格拉底的相，說蘇格拉底是魔鬼的化身，蘇格拉底在西方文化裡相當於中國的孔子，在世時名望就甚高，所以他的弟子當場抗議說我的老師是聖人，你怎麼說我的老師是魔鬼的化身呢？這是侮辱嘛！但是蘇格拉底聽了之後無動於衷，反而公開承認我是背著很多很多的罪惡來到這世間的。這是另外一本書寫的蘇格拉底。這就是說我們要怎麼樣來看東方和西方？依佛教來講世界各地都有菩薩的。我這是閒談了，提供大家尋得一些另類的感想而給人生問題有更開闊的視野和反省，好往各種事物的更深處探索。

我執與戀父戀母情結從何而來？

我們再回到佛洛伊德來繼續談，他自己一直寫夢的日記，直到他死為止。他希望透過潛意識瞭解自己的人格和內心世界，所以他做自己的夢的解析，把自己童年遺忘掉的記憶勾稽起來。佛洛伊德是姨太太生的，他與父親的關係並不好。他透過夢的日記勾出遺忘的記憶，如他兩歲時父親罵他王八蛋，那時他還不怎麼會講話，恐怕也不會回罵，他居然就在父親睡覺的床鋪上撒了一泡尿。這事他早已經忘掉了，到了他三、四十歲透過夢的解析，把忘掉的兩歲時的記憶回想起來，發現原來他和父親這麼早結下樑子，可以說他們父子關係不好從他兩歲時就開始了。佛洛伊德把自己和他的許多病人的心理解析歸結起來出了一本書叫《夢的解析》。這本書是世界各國認為影響二十世紀的十本書之一，各位有興趣的可以讀看看。

佛洛伊德講人格理念，講自我的形成，講人什麼時候會有「我」的觀念呢？他就推到了兩歲的時候，這也是根據自己的經驗。「我」的觀念是怎麼來的呢？這是因為人生下來之後漸漸意識到你我他不同的區隔，這就會產生佛教講的貪、瞋、癡。比如小孩子兄弟姐妹之間很小就會搶玩具，並且還會說這是我的，不是你的。媽媽說把玩具給弟弟，哥哥會說不行，這是我的。「我」的觀念很強，就會產生人生第一個問題——貪。貪、瞋、癡這三者，貪可以列在前面。當然照佛教來講還要往前推，比如貪從何來？那可能是癡，也就是可以說有了癡才去貪。這是從不同的階段來看貪、瞋、癡這三者哪個應該排在前面，是彈性的。

佛洛伊德的生命觀是從有胎開始，講問題的起源，這在西方心理學家裡算是比較早的。還有，他提出了戀父戀母情結，是追溯到生下來的有「我」意識的時候產生的，但是在佛教裡那推溯得就更早了。佛洛伊德沒有前世的觀念，只知道這一世，也就是從人生下來時算起。而佛教看來，「我」的觀念是多世的累積。

佛教認為「我」的貪、瞋、癡不是從這一世開始，是比心理學講的還要更早更早，要回溯到好多劫之前。因此用佛教投胎的理論可以解釋佛洛伊德的戀父戀母情結。佛洛伊德的戀父戀母情結從出生後講，他用性的問題建立戀父戀母情結的理論。但依佛教看是中陰身，或者通俗講是在靈魂投胎的一剎那決定了戀父戀母的情結，跟父親有緣的就投胎成女的，跟母親有緣的就投胎成男的，這可是一個很大的研究課題。

投胎入胎說胎教

老古出版社出版了一本《佛說入胎經今釋》，這是南懷瑾老師要跟隨他多年的李淑

君居士把《佛說入胎經》用現代醫學解釋出來。《佛說入胎經》是《大藏經》的《大寶積經》卷五十五裡的第十三《佛為阿難說處胎會》、卷五十六第十四《佛說入胎藏會》的之一、之二共三篇，談到投胎處胎的事理。另外《大藏經》裡還有《佛說胞胎經》，這也是談投胎處胎單行的一篇，還有在《大威德陀羅尼經》等也談論到投胎處胎的問題。南老師對此很重視，催促我們早日出版李居士的書。我跟南老師說光談投胎入胎，這書恐怕只能供大家瞭解，而不見得吸引人和有實用效益，最好是不是加上一點關於胎教的東西。南老師說：「好呀，這個建議很好，你來寫。」我想糟糕講錯話了！就為了講這句話，我就要忙了一、二個月寫一個胎教的理論，南老師要親自審定，我為此文累得神魂顛倒，把中醫從古代的春秋戰國的《黃帝內經》一直到唐朝歷代的胎教理論都找出來。

久被誤會的地藏王菩薩

這事也很有趣，中國很早大概在周武王的時候就注意胎教，但是還沒有輪迴的觀念。那時候中國人生死的觀念，認為鬼也是生命，但沒有鬼來投胎的理論，而講方生方死，鬼就是歸，回去了。《易經》講通幽明之情狀，明就是指陽間，幽指陰間。我們稱地藏王菩薩為幽明教主，意思就是主管陰陽兩界。地藏王菩薩絕對不是僅僅管陰間的，說地藏王菩薩只管陰間是民間的錯誤觀念，因此有人說家裡不敢拜地藏王菩薩，我說絕對沒有這回事的。

佛經裡釋迦牟尼佛明明交待地藏王菩薩在釋尊入滅後，至彌勒菩薩成佛降世之前的娑婆無佛世界裡庇佑眾生，也就是說地藏王菩薩在佛不在時猶如擔當「攝政王」一樣，普度眾生。所以地藏王菩薩在佛經裡的形象，跟民間不一樣。民間的地藏王菩薩持錫杖被解釋為敲破地獄之門，其實地藏王菩薩到地獄去度眾生也不用敲門，意念到就到了。早期的地藏王菩薩像都是拿稻米，代表五穀豐收，地藏指土地，地生萬物，地藏王菩薩像手拿摩尼珠，意表賜福眾生。

關於地藏王菩薩，我曾經問過一個老和尚。有回我去泰國，朋友帶我去看一位八十幾歲的老和尚，抗日戰爭時他來到中國參加抗戰，戰後回泰國出家。我跟他講民間比較怕地藏王菩薩，這老和尚不講話，他用毛筆寫了一幅字給我。這幅字很有意思，我常講給學生聽，老和尚寫道「百死尚遺忠孝在」，「百死」指死了一百次，也就是死很多次的意思，「尚遺」指還有，「忠孝」指所有好的美德。這句話的意思是不管我死了多少次，轉世輪迴多久，忠孝都永恆在的，這是識的作用。忠孝美德無論經過多少時間，都不會被遺忘。

我們就拿日常生活的例子來講。人常常記憶上出問題，比如人心不在焉，看到等於沒看到，所以沒辦法產生記憶。各位從家裡到學校，你會不會記得你經過幾個十字路口，或者說經過幾根電線桿，我想沒有幾個人記得的，雖然大家從家裡到學校這條路走過好多年了。那對你並不重要，不是你關心所在。或者你坐公車，一下車就會忘掉剛才公車上有些什麼人，因為那些人對你而言根本不相干，只是偶然的一個機會遇到而已。人的頭腦遇到不重要的人和事就會過濾掉，不必增加腦子的負擔，不會記不需要的不重要的東西。但是反過來重要不重要是你主觀的意識，你認為重要，你就會記住，或者你有意要記就會記住。比如說你坐公車，我要你注意這次坐公車遇到了哪些人？待你下車後，我要問你。你上車就會認真觀察車上有哪些人，那麼你下車後就能講出你在公車看到哪些人，長的是什麼模樣。因為你用了心就會記得，就能說得出來。

「自淨其意」的佛法宗旨

佛教講「五根、五識、五境」，強調識的作用。「根」就是感覺器官，「五境」指外在環境，就是眼、耳、鼻、舌、身感覺器官所對的對象，「五識」指眼識、耳識、鼻識、舌識、身識，這些就構成了佛教心理學的基本架構，當然最後還要加上第六意識。在早期佛教的《阿含經》裡比較強調「意」。有人問什麼叫佛教呢？有一個偈語說：「諸惡莫作，眾善奉行，自淨其意，是諸佛教」。世界上所有的名門正派的宗教都一定勸人「諸惡莫作，眾善奉行」的，這八個字不是佛教的特色，好的宗教都會鼓勵人為善，不要為惡。佛教真正的特色是在第三句話即「自淨其意」，自己淨化自己的意。所以早期佛教相當重視自己，自己救自己，依靠自力，當然後來為了救眾生的需要，發展出來很多的宗派，很多的修法，滿足眾生的需要。不過最早的佛教主要講自救，不要依靠別人。

第六、第七意識之間的潛意識

那麼，最早的時候佛教講的這「意」很單純，就是要「自淨其意」，一句話就概括完了。什麼叫佛教呢？就是「自淨其意」，你這樣就把握到了佛教最根本的精神了。當然隨著學術的發展，人類文明的發展，一個「意」字沒辦法承載很多種的涵義，所以又從「意」裡分解出心、識等，形成心、意、識的義理結構。實際上依今天人類心理狀態的複雜，已多出來的這些用語還是不夠做理論的分析。

讀佛經比較難的地方就是同一個字，不知其指涉的是哪一個意思，因為其包含的意思太多，這是一個比較難讀之處。後來的唯識理論裡在這方面就解析得很詳細，包括指出人的各種心理狀態。唯識講第六意識的一個很重要的功能就是能變性，後來又有論及第七識、第八識，最早原始佛教沒有指出第七識、第八識，那是後來唯識論發展出來的，再後來更又有第九識的說法。前面講感覺器官的五識，最重要的是其所依現的第六意識。第六意識的最重要特性就是能變性，其本身不是固定的，就像《易經》主張的變易一樣。

佛教和其他宗教都強調善惡在一念之間，這就是第六意識的作用，第六意識使一念之間處於可變之中，或趨於善或趨向惡。俗話說女人善變，但可不是女人善變，而是人類有善變的第六意識。人常常會有一陣子好好的，過一陣子又不高興了，一下善念來了，一下惡念來了，這些常常在二十四小時裡隨時摻雜在一起。包括白天已經夠忙了，晚上還忙了不得了，夢裡會有不少第六意識的潛意識跑出來，讓人作夢夢得累得不得了。夢裡提供了一個第六意識下面的舞臺，即潛意識。

談到潛意識是我們剛才講的佛洛伊德的理論，潛意識是第六意識的下層，嚴格講還未觸及第七識。依佛教的定義，第七識應該在潛意識的下面，是我執的最根本的原動力。

人的一生中絕大部分是第六意識決定人的行為。當然也有很多非理性的行為，我們不瞭解的行為是來自佛洛伊德所講的潛意識。因此有時候潛意識說成為一種廣泛的解釋，比如對於無法理解的行為，追問為什麼這樣做呢？解釋者往往就會說來自潛意識。雖然潛意識很難被科學證明，但已變成了一個很好的說明的名詞，所以全世界都在使用這個說法，可以解釋人很多匪夷所思的心理狀態和行為。

教育與意識的轉化

佛教在修行裡最強調轉第六意識，既然第六意識能變，給佛教修行一個理論基礎，假如第六意識是不變的，那我們修行幹什麼呢？那一切就會變成宿命論，生下來就命定了。然而佛教不講宿命論，佛教強調能變，既然我們的心理行為是第六意識決定，為什麼我們不能修行去轉它？為什麼不能由壞變好？這變的根據就是第六意識有變好的可能性。

世界上的命理測算是沒有百分百準確的，有六七成或者七八成的譜就很不錯了。然而既然第六意識有能變性，那麼為什麼人很少去做好的改變？大部分人是順著今世生下來的命運，包括前世所累積在第八識的種子習性發展而去，透過第七識的我執影響其第六分別意識，由之影響到他的身心行為。因此講改變命運最重要的力量是教育，教育可以改造我們的潛意識。依佛教講，前世帶來的這些種子內容，教育和修行可以重新改造，這就要看教育的功能和有沒有真去修了。以教育來講，教育不能只偏重於記憶或者考試，不能只偏重於知識的學習，而是身心修養的改造。我們的教育制度有沒有真正重視教育的效果對轉化我們的心理、心靈的提昇和意識的淨化，這應是其首重的。而就每個人的命運發展而言，真正的意識改造才是最重要的。

禪宗認為人的意識改變可以很大，例如我們在都市裡可能冷氣裡吹慣了，來到這沒有冷氣的鄉下會不適應，一直流汗，但是你過幾天就會習慣了，尤其我們年紀大一些的，經過了沒有冷氣的時代，更能適應。你會回憶說，我經過沒有冷氣的時代也一樣活過來了嘛，也沒有怎麼叫苦過。這是說我們意識決定有些情境能不能忍受，這忍受度也是可以調整的。

曾有一個禪師講，很熱的時候你要更熱的刺激，很冷的時候你要更冷的刺激。很熱的時候你要曬太陽，很冷的時候你要洗冷水澡，這也是一個磨練的方法，有的人可以克服過去，不行的人就只好順原有身心習慣去嘗試調整了。但實則意識的變動性，彈性是很大的，就看自己如何去體驗破除慣性或惰性的執著了。

從感覺、知覺到覺悟

我們透過感覺器官形成我們的感覺，由感覺進一步到我們的知覺，如此我們的第六意識有更明顯的作用。前面你感覺什麼呢？這是識的作用；而你又知覺到什麼？你說山是山、水是水，或山不是山、水不是水，這是第六意識在作用在判別。修行的關鍵就在第六意識下手，在潛意識下手是比較難的，除非用密宗的夢的修法，在夢裡改造自己，這是一種夢幻觀的修行法門。比如你修準提佛母的法門，你可以觀想準提佛母進到你的夢，你要睡覺就進到你的心中，那麼你的夢就會產生變化。你修阿彌陀佛，就觀阿彌陀佛入你的夢。這夢的修法，修了之後夢可以得到淨化，胡思亂想會變少，直到沒有了，其實這正是一種潛意識的改造法。而我們平常修第六意識都是從反省、懺悔開始，儒家所講所用的方法。我們念經打坐，也一樣是在改造我們第六意識的作用。

以前故宮博物院副院長李霖燦到雲南作專門考察，他講了一個故事。雲南的佛教比較複雜，牽涉到當地的原始宗教，還結合了一部分小乘佛教，也接觸到一部分西藏的密宗。雲南有一個地方出殯，請當地的師父，師父拿貝葉經到死者的家裡念經。那經很有意思，經上說從前有三個有錢的女人，她們什麼都有，但是有一天發現歲月老去，人老珠黃，突然間想要恢復青春，當時還沒有美容手術，沒有拉皮整膚的技術。於是這三個女人就想買青春，她們到處買，但是買不到。最後來到昆明，昆明當時是大都會，她們在昆明到處找，一無所獲，最後很失望地要回家。當她們出了城門回望昆明城，突然間大徹大悟了，就高高興興回家了。為什麼呢？因為她們來昆明的時候，路邊都是楊柳青青，等到她們買不到青春回家時，楊柳都已經枯萎了，就這一下子生命無常、生死是自然的實際，她們當下真正明白過來了，當然也就捨去要買青春的妄想，十分法喜地回家去了。當地的師父就念這經的內容給死者和家屬及來賓聽，大家聽了之後也就減少了悲哀。可以說，這也就是一種修行的境界，翻轉人們第六意識的原有想法，佛法的妙處首先就在這裡被發現了。

佛教心理學與現代心理學的差異

話說回來，前面講到佛教心理學，佛教心理學是新的名詞，依傳統講其實也就是唯識學研究的範圍。在臺灣有幾位法師講過唯識論。如果一周兩堂課的話，他們都要講兩年才講得完。南懷瑾老師講唯識論的錄音帶有兩百卷，我很想把它整理出來，但是南老師很謙虛，他說他還不滿意，尚不准我整理，我本來想整理出好東西給大家分享的。

唯識論講了意識修正的問題，講得很細，不能出一點差錯的，所以南老師很慎重。因此今天談這方面的東西，只是向大家起一個頭供初步瞭解，談不上研究，只是讓大家瞭解佛教在心理學方面與現代心理學有所不同。尤其是修過教育學的學分的各位，多少知道現代心理學，所以我講的最主要指出的是佛教心理學與現代心理學的差異。

佛教心理學強調第六意識，前面講到五種感覺器官所發揮的作用裡，第六意識有參與在其中，這是佛教重第六意識與現代心理學重潛意識第一點不同。第二就是除現在世界上接受的潛意識說之外，佛教心理學強調還有比潛意識更深一層的第七識，乃至另外還有第八識。第七識是通向第八識的橋梁，傳達給第六意識，顯現出心理行為。所以對於第七識的研究，我認為傳統的唯識論可能還有很多可以開發的領域。還有第八識是佛教最重要投胎理論的證明，一切因果理論都建立在這裡。

因果論三世

假如我們只有這一世的話，雖然有因果，但因果就不是百分百的完整了，而是片斷的。現在人的因果報應也很快，但還是有一些逃漏因果法網的，明明大壞蛋居然還死得善終，這樣因果何在呢？所以假如人只有一世就沒辦法全面去解釋因果了。各位都讀過《史記》，司馬遷寫到〈伯夷叔齊列傳〉的時候就很感嘆，但是那時他不可能有三世的完整的因果觀，因此他認為老天無眼，老天不公平。老天也代表主宰，就是說像伯夷、叔齊這樣的好人為什麼沒有得到好報呢？所以因果論一定要有三世來說才行，這樣才能把好壞的帳算好、算合理。三世上，有因果就有輪迴，這一世沒有報是因為時候未到，報可以在其他世報。

有一個年輕人很迷戀一個女孩子，愛得欲生欲死，一直到女朋友與別人結婚了，他還不死心，仍期望有一天能夠遇合。他每天都到行天宮祈禱拜拜，非常勤快。行天宮有許多阿公阿婆幫人解說問題，這也等於是另一種形式的心理輔導。有一天，人家好奇就問這年輕人：「你看上去是受過高等教育的樣子，這麼虔誠地天天來禮拜祈求，到底所為何事？」這年輕人說，我希望有一天和我愛的這個女孩子在一起。那行天宮問他的人就跟他說：「你真的要麼？如果你真的要，我可以幫助你，不過你先要想清楚。這個女孩在唐朝時是番邦的公主，你是唐朝的將軍，你去征服番邦之後就和這公主成婚，後來受朝廷的調度回朝拋棄了人家。你多世以來做人不錯，有一點修行，她一直找不到你。這一世時候到了，她終於找到你了，你如果與她在一起的話，她會給你帶來最殘酷地報復。所以這我事先要說明瞭，你要不要呢？」這年輕人一聽，最後說不要了。這是關於愛情因果的故事，使人可以從很愛到不要愛，雖是利害關係的作用，但也是給第六意識作了一個大改變。

改善生命先從調伏第六意識開始

若談佛教心理學的理論，從第八識講起要花很長的時間，這裡僅簡要跟各位介紹，各位將來讀佛經，可以從中得到一些啟示，得到一些靈感，以之教導學生。而若簡單來講，最重要的要從第六意識著手，先不談第七識、第八識，因為第六意識就在大家現前，經常是顛七倒八的，我們瞭解好了第六意識，能夠調伏它一些，我們再來處理潛意識的問題。

潛意識可以透過夢的解析，或者透過夢的修法來改善。佛教歷代祖師都很強調第六意識的修行，《百喻經》是由一百個寓言故事集結而成，現在有人把這本經翻譯成白話了，其中有一個故事，我講給各位聽。在古代印度供奉神佛要用香花，香花裡最好的是青蓮花，供奉藥師佛依密宗規矩就要用青蓮花，供奉觀音菩薩就要用白蓮花，這是密宗講究的，但也不一定要這樣。當時有一對很窮的夫妻想要買青蓮花來供養，但是青蓮花很貴，他們買不起。這對夫妻的太太比較拘泥形式，不理性有點迷信。其實我們形式上物質上做不到，我們就用心，心歸於一，就心香一束來禮拜也就很好。但這位太太迷信得太執著了，不顧現實硬逼丈夫一定買青蓮花。

於是這貧窮的丈夫怎麼辦呢？他沒辦法只好去偷，結果就跑到國王宮殿的花園裡去，偷的時候自己事先想好，遇狀況要假裝鳥類的叫聲，但是最後還是被衛兵發現了，因為他一緊張竟叫道我是鴛鴦，忘記他該作的是學鴛鴦的叫聲，當然就當場被捕了，然後要被押解到國王那裡去。走到半途，這可憐的小偷懊悔自己當時沒作鴛鴦聲，情不自禁就學鴛鴦叫了幾聲，押他的衛兵對他說：你怎麼這麼笨呢？你早叫幾聲不就沒事了嗎？現在叫有什麼用呢？

我們的第六意識可能會做傻事，可以聰明處理的，但是我們卻常常做錯，事後才後悔，那時已無補於事了。所以南懷瑾老師就強調學佛就要有智慧，要智慧之學，絕對不是搞迷信，而且重要的是「自淨其意」，每個人要努力自己淨化自己。在你努力的過程中所有的佛菩薩、天龍八部都會保護你，護持你、這樣他力自力配合，修行可以成就。佛度有緣人，所謂有緣就是你有心去學就是有緣，佛法一切修行，人生要能改善，一切就從自己第六意識這裡開始。

最早記憶與人格原型的關係

在此再提供一個解析，嬰兒生下來，所有的腦細胞、所有的記憶功能都已經具備了，而且在生下來的很短時間裡他就可以調理他的感官，很快地整合他的眼耳鼻舌身來認識這個世界，這之間透過這些感官在我們的第六意識上形成了我們的記憶。記憶有很多種，有的記憶是不保留的，有的是短期的記憶，過幾天或者過幾個月就忘掉了，有一些是中期的記憶，還有一些是長期的記憶。

那麼各位的生命發展到今天，照理論上講我們都應該記得我們生下來的情景，都應該記得我們住胎的狀況，但是大多數人都不記得了，很少有人能夠記得住胎時怎樣。我們能記憶到多早的幾歲呢？我們往前推想，追憶我們的記憶，你有沒有想起來你最早的記憶是在幾歲呢？你這一生最早的記憶是什麼？你把這記憶想清楚一點，把細節補充回憶出來，追憶得越具體越充分越好，包括你當時的感受。

佛教講「色、受、想、行、識」，這是講佛教心理學的基礎，但此處先大致介紹。第一個「色」指色身這個身體，第二個字是「受」，「受」就是感受，你的第一個記憶怎麼樣的呢？屬於七情六欲裡的哪一種？你有沒有想起來，感受到當時媽媽給紅包，給你新衣服，還是打你一個耳光，或是你跌倒了，還是被動物追著跑，乃至某一年第一次記得過新年的情形，你當時的感受怎麼樣？你要想好了，依心理學講最早的記憶就是你人格的雛形。我們沒辦法像佛教那樣要推溯到出生、住胎等，但是起碼各位現在想最早的記憶，這代表你當時的心理狀態，也是榮格（Carl Gustav Jung）講的人格最早的原型。所以追憶你最早的記憶，也是提供一個尋找你人格原初的狀態，讓你知道你到底是什麼樣的人。然而這只是提供大家一個重要的參考，雖然不是究竟的，但是起碼還是可以多瞭解你自己是什麼樣的人一些。

一個早期記憶的案例

各位如果找到自己最早的記憶，不管所記的事情發生在幾歲，都把它記下來。然後你透過佛教的修行，修行到一定的階段，你會找到更早的記憶，比你現在記得更早的。你修行的功夫深的話，絕對可把以前遺忘的記憶恢復得更早更多。那麼我們最早的記憶與我們的人格有什麼關係呢？大有關係的。你可以仔細探討你最早的記憶和現在的你的關係，中間便有一貫的線索，你可以找得到的。

我十幾年來第一堂課都要求學生寫下自己最早的記憶，大致說來多數最早的記憶以四、五歲比較多。不管客觀的事實幾歲，只要他記得的幾歲就行。到目前為止我接觸到的最早的記憶是一個學生一歲時，被媽媽用布裹起來揹在背上的記憶。那個學生是軍人，在青年服務社上課，他穿軍裝來的。他記憶一歲時被媽媽揹著在金門的街上逛，看到滿街都是阿兵哥，他還記得媽媽還給他一支鉛筆玩，他很高興，這就是他最早的記憶。我問他在軍中當什麼官？他說當文官。文官是拿筆的官，這和他一歲時的記憶頗為吻合，他的人格他的命運大概就這樣決定了。他沒有修行，也能記憶到一歲時，如果修行的話，他應可以追憶到住胎的時候吧！

問答

問：人的童年最早記憶為什麼這麼重要？童年的記憶為什麼會遺忘？

答：每個人都有不同的童年，童年有很多的記憶。為什麼許多都會忘掉呢？依佛洛伊德的理論就是每個人的童年有創傷，你就會想忘掉它。我們成長過來，一路都會經歷很多痛苦，儘管我們可以嘻嘻哈哈把它忘掉，但偶爾這記憶還會浮現出來。

各位可以做一個實驗，你還記得起來的，還代表這個東西不容易丟掉的，你容易丟掉的早就丟掉了。所以各位記得的第一個記憶一定是對於你當時的心靈是一個很大的刺激，因此今天你幾十歲還是忘不掉。我要各位一分鐘想起童年最早的記憶，你不假思索就想起來的，說明你印象深刻。同樣在我們遭遇的很多事情上，為什麼某一件事使你印象深刻而其他的不呢？這是因為對你有較大刺激或者代表的意義很大。比如跌倒，你記住了，別人未必記住，那就因為同樣的記憶對於每個人有不同的意義。你記得的事可能對於別人是無聊的，對你卻可能是很重大的事。

所以我強調同樣的一個記憶，要你感受當時的記憶情況。比如今天大家坐在這裡上課很熱，滿頭大汗，但是每個人的感受不一樣，有的人想老師怎麼不早一點下課讓我們出去納涼呢？也有些人會想這很好，就堅持到最後一分鐘，在佛面前接受磨練；甚至有的人把這當成修行，以為遲一些下課也沒關係，這就算考驗自己吧！同樣天氣這麼熱，每個人的想法和感受不同。因此若你當時的感受不好，你現在要改造你的命運，改造你的人格就可以從你的第一個記憶下手。你要檢討這記憶帶給你的快樂還是悲傷？快樂的原因在哪裡？悲傷的理由又是什麼？這些是什麼因素促成的呢？從那個記憶到現在為止，在你生命軌跡裡，你個人是如意還是不如意？這裡面有什麼需要你改進改善的？這樣是做一種自我比較的深度分析，然後從現在開始擬定今後要走的路和方向，這便是一種改造自己的修行。

對於要改善自己的人而言，只要活著一天就不嫌晚去努力改善。所以你可以從瞭解過去，然後決定怎麼改，怎麼得到幸福快樂？怎麼改善痛苦悲傷？各位未來若當老師，教學生需要理論，從各方面幫助學生，所以應該知道什麼方法可以幫助自己，這樣就可以擬定一條自己要走的路，以第六意識的能變性，加上你強烈的意志。

這也就是說第六意識變來變去，一會兒起善念，一會兒起惡念，一會兒消失掉了這些念頭，有時覺得人生充滿了希望和向上的氣氛，不久又失掉了等等，這就要依靠意志力才能持續堅持改善。假如說各位有心得，你回去就要貫徹下去，這樣才能有受用。所以《金剛經》第一句話就強調「善護念」，這「善護念」不是護持釋迦牟尼佛這一念，而是指善持好自己的心念，你有這一念向善改進，你就好好護持，好好培養，讓其成長茁壯，那麼你一生就走在光明的大道上。

問：我想問的是我做的一個夢好像與日常生活沒有關係，可是很奇怪，我做這個夢不止一次。比如我今天晚上做夢，過幾天也做到同樣的夢。夢境是聽到人家的對話，而且講的是同樣的事、同樣的話，不知這夢裡的兩人是不是故意講給我聽。隔幾天之後我又夢到同樣的夢境，也就是兩個人的對話。夢是暗暗的，不清楚的，且跟日常生活沒有關係。

答：因為時間關係，這夢的解析恐怕三個小時也講不夠。簡單說形成夢的原因很多，有的是短期的白天刺激，有的是以前生活的記憶，有些是過去生活的原因形成的，有的是象徵性的夢，有的是寓言性的夢。夢有很多種類，假如是一再重複出現的夢，這代表相當有意義，值得探討。你可以找心理醫生問夢，或者找師父用佛法來解夢。重複出現的夢就有象徵意義，這就值得重視了。亂七八糟的夢就不用管了，因為那大多是妄想而已。

貳 人格成長與教育

一、生命價值的探索

現代人的心理難題，不只見於開發中國家。即富裕如美國，其人民也往往四處尋求心靈的寄託或解脫。我在美期間，發現他們已無法滿足於水晶球或撲克牌算命，轉向東方古國尋求安身立命之道。哈佛大學一位年輕的教授阿爾波特（Richard Alepert）即曾到印度遍訪瑜伽明師與各教派祖師，結果使他得到心安的是，我們非常熟悉的六字真言：「唵嘛呢叭咪吽」（Om Mani Padme Hum）。

也許這是個特例，但我在紐約州的山上，就看到不少老美繳昂貴的學費，在韓國人所建的禪寺裡，挑水、種菜、劈柴，以求見「道」。也曾去參觀大同教、喇嘛教的廟，以及日本人所建的禪學中心。而印度人所闢的超冥想（Transcendental Meditation，簡稱T．M）訓練中心，更是以企業方式來推廣。

記得三十年前，我到哥倫比亞大學演講「佛教與心理輔導」後，即有一位公費留美而現已在美國人機關做事的青年，心神恍惚地要我輔導，但更多的聽眾是向陪我去的石兄請求指點運途，不在乎一次二十五元美金。在舊金山、洛杉磯也時時碰到悽悽惶惶的人羣，花不起昂貴心理輔導或治療費用的，只好求助於宿命論。

在今天科技發達、富裕繁榮的社會裡，人們更有閒暇去享受藝文、旅行、娛樂等活動。也由於教育的普及與提高，人們較能自由的去追尋創造性的活動。

但是由於人口的爆炸、大地的污染、網路的資訊正誤難分、民主與共產的對立、社會的快速變遷等因素，現代人一方面無法在傳統的信仰與信念上找到歸屬，一方面又對日益提高的需求無法滿足，而在這資訊頻繁、法律規章多如牛毛的社會裡，更容易感到挫折與焦慮。這種冷漠、迷失與疏離感，顯現在社會上的就是吸強力膠、速賜康，以及暴戾罪行的增加。而潛存在社會大眾的是一股苦悶、徬徨的低氣壓。

對於現代人所處的這種困境，我深為服膺人文主義大師馬斯洛（Abraham Harold Maslow）的看法，寄望於政府與民間領導階層，對社會環境作整體的改善。有了健全的社會，才比較可能有效的培養出健康的個人。

助人方法的整合

但是做為社會成員的每一份子，也應自求向上，進而也鼓舞別人向上。因此，從事

心理輔導工作的人，儘管有時會對廣大的社會問題產生無力感，但仍應鼓起大雄精神，能助一人算一人的胸襟。而對於從事古老行業的算命工作者，如果也能融會心理輔導的知識與方法，深信對於現代人的心理迷惑，當更能發揮助人的功效。像飛雲山人在時報上的專欄，少用宿命式、權威式的批斷，而多用分析與鼓舞，即是命運學與心理學整合的好開端。

因為命運學所探討的，除了生來命定的因素外，還有一部份是當事人能做主的，也就是「相由心轉」、「命由心造」的理論基礎。而心理輔導所探討的，即從遺傳的基礎上，不論個人稟賦為何，力求自我導向，發展潛能，以完成自我，當然兩者之間仍存有不少矛盾與糾結，如何融會貫通，他日當另文提出初步報告。

我們每個人生來即稟賦不同，環境不同，而所遭遇的情境也不相同。我們一生中即在針對不同的情境，藉著學習與思考的能力，妥加適應，以求問題的解決。在我們自我決策與行為中，涉及到下列兩個問題：

一、資訊問題：對於與人相關的資訊，均應加以瞭解與充實。一方面要瞭解自己的需求與發展潛能，建立真實的自我圖像，以及合理的理想與抱負水準，進而瞭解人際之間的動力關係，而在所歸屬的團體中貢獻自己的心智。一方面還要擴大視野，對於生活在其他文化中的人類，以及生物與宇宙的瞭解。從這些資訊中，建立自我在相關脈絡中的適當位置。也就是我國傳統所謂的「天—人—地」關係的建立。

二、價值問題：資訊問題所偏重的是事實及其可能性（What is Could Be），而價值問題所偏重的是為何與應該（Know-why, Ought to Be）。人在充足的資訊中了然事實。但如何在其中找到生命的意義，如何去思維與行動，在社會中扮演「適當」的角色，則有賴於自我在多重選擇作正確的價值判斷。一般說來，人在作選擇時，應同時兼顧內在本性需求與實際世界這兩個層面。否則，即容易流於書空咄咄，或不為社會規範所容，或自暴自棄，流於迷失或疏離。

心理學家的三點看法

所以，在自我作主、自我導向中，心理學雖然不能為人提供答案，但至少為人提供了較為可行的方向。心理學家之間，雖然意見容有不同，但對於心理輔導的基本態度，至少有下列三點是相當一致的：

一、混日子的代價是殊為昂貴的：儘管各人兼賦才具不同，但每人仍應就自己所有，

善作選擇，以達到自我實現。入錯行，配錯偶，以致家庭失和、子女不肖，不能一味歸咎於他人或環境，而要自我承擔、自我反省，是否已作充分的瞭解情境與善作選擇。若能本著求知、成熟的態度，朝向自己的目標而努力，當能免除無謂的錯失與失敗、焦慮與厭倦，更可以不必為「本來可以……」而懊悔不已。

二、科學與人文主義並重的取向：心理學本著科學精神與方法，為人類行為尋求準確、客觀的事實，尤其在學習、需求、動機、決策、適應壓力等方面提供可貴的資訊，但它並非萬能，而有其界限的。人文主義心理學的興起，即在賦予人性積極、主動、向上的意義，以補行為主義的不足。

三、尊重個人尊嚴與成長潛能：美國心理協會即在其會員規範中，開宗明義說「心理學家信仰個人尊嚴與價值，以增進對自己與他人的瞭解。」對於每個生命的尊重，語似平淡，而實為心理輔導的精髓所在，也是民主政治的基石。

自我導向的三個問題

新起的年輕一代，比以往更重視自我，也更有塑造自己生命的機會。在尋找生命意義、自我導向目標中，往往會遭遇到下列三個基本問題，值得每個人（尤其是從事助人工作的人）加以深思：

一、我是誰？從蘇格拉底的「知你自己」以來，不管是思想家或宗教家都在尋求可行的途徑。禪宗甚至以此為話頭，而參究自己的「本來面目」。心理學家認為要瞭解自己，要先從自己的生理、心理功能上瞭解做起，進而在文化、家庭、社會的脈絡中來瞭解自己。

二、我往何處去？心理學家認為每個人要有自己的「生活計劃」，這包括目標的建立、實行途徑的籌劃，以及預計可能遭遇到障礙。有了實際而合理的目標後，如能在體魄、智識、情感、社交、辦事、適應等能力方面加以充實，自能在朝向目標的努力過程中，尋得人生的意義，而不致徬徨或迷失。

三、為何如此的人生？心理學家認為每個人應從科學、宗教或其他人類經驗中，尋找與發展適合自己的充足價值體系，做為安身立命的所在，才能免於內心混亂的衝突，進而明辨是非，經得起挫敗，全力朝向自己的生命目標，而達到最後的自我實現。

這三個問題都有賴每人自我追尋，求得自己的答案，也可以此來幫助別人找到他的答案。

二、從心理學談到早期母子關係

實用的心理學

國際學術界大都承認，廿世紀進展最神速的學科就是心理學。除了其研究報告日新月異地推陳出新外，它並早已一腳跨入各學科的領域裡。

以前我們常看到教育哲學、政治哲學、法律哲學或經濟哲學之類的書。但現在只要去幾家書店逛了一下，觸目所及的往往是教育心理學、政治心理學、犯罪心理學、商業心理學、消費心理學之類的書。心理學已取代了昔日哲學那代表最高境界的光采。

其實，心理學原本就是哲學的一支，在西洋兩千多年哲學發展史上，它的名稱為心靈哲學。除外，在中外文學名作中也可找到很多對人類心理的生動描述與精微分析。因此，要研究有關人性摸索人生的道路前進，等到走夠了迴旋路，嘗夠了錯誤的教訓，卻已發現夕陽逼在眼前，去日已無多。於是一代又一代的心理學，不應勿略人類的精神遺產，尤其是哲學與文學。

心理學的獨立而成為一門科學，還只是十九世紀的事。不過它的醞釀期卻很長，而與科學的興起息息相關，這裡只提出兩點來說明：

一、伽利略（Galileo Galilei）的改良與發展望遠鏡、顯微鏡，加速去除了人對物理世界的神祕觀念，尤其達爾文（Charles Robert Darwin）在一八五九年所出版的《物種源起》，更指出用來解開自然奧秘的新方法，也可以用來研究作為自然一份子的人類。

二、由於改變了對於自然與人類的態度，促使生理知識的進步。例如一五四三年，有了相當精確的解剖學書籍；一六二八年，出版了血液循環理論的書。而到了十九世紀初葉，也開始有了腦與神經系統方面的研究。

為後人稱為科學心理學之父的威廉·馮特（Wilhelm Maximilian Wundt），即在一八七四年出版了《生理心理學》。在這科學導向的傳統下，大部分美國心理學家，以及國內所出版的心理學教材，都把心理學界定為「行為科學」，但某些（尤其是歐洲）心理學家卻願意界定為「心靈科學」。

常聽到一些朋友談起，極想一探心理學的真相，卻讀不下心理學教科書，而對於那些過份通俗的卻又覺得不值一讀。希望以下所寫的能夠介乎上述兩者之間，並從科學、哲學與藝術的廣泛觀點來談心理學，使它不只是行為，同時也是完整個人的研究，更希望使它與我們的生活藝術相結合。當然，這是不易達到的理想，卻值得努力以赴。

以人為主

心理學的領域很廣，諸如實驗心理學、生理心理學、發展心理學、人格心理學、社會心理學、臨床心理學、諮商心理學、教育心理學、工業心理學等等。在不同的領域裡，心理學各別的發展出各種專精的學問。

以下所寫的，並不限於某個心理學領域，只要是與人性或人生有關的內容，都將是介紹的題材。首先，我們來鳥瞰一下當代心理學家對人類的研究，曾有下列幾種不同的觀點：

一、神經生理論：探討人類行動與身體內部（特別是腦和神經系統），所發生事件之間的關係。

二、行為論：集中注意力於可觀察與測量的有機體（包括人類）外部行為。

三、認知論：考慮到腦部主動地將輸入的訊息，加以處理、轉換的方法。

四、心理分析論：強調在兒童期時，由於性及攻擊衝動受到壓抑，而造成了潛意識動機。

五、人本論：強調個人的主觀經驗、抉擇的自由，以及邁向自我實現的動機。

也不限於上述那一種理論，我們旨在呈現各種有關人類的心理學研究成果，希望除了擴大或加深心靈的視野外，並帶來若干啟示。當然，我們不能迷信目前心理學的研究成果就是最後的真理，它跟其他科學一樣，都還在繼續發展中，無法排除未來有不同結論出現的可能。所有的科學都奠基在某些無法證明或反駁的假設上，心理學自不例外，羅根．福克斯（Logan Fox）就曾提出下列假設：

一、意識是實際存在，而非只是幻覺。

二、即使構成個人的本質會有所改變，但在相當時間內，個人還是統一的個體。

三、即使知覺帶有主觀性，但人對事物的觀念與事物本身之間，還是互相吻合的。

四、即使存有各種決定論，人在某些重要方面仍是自由的，例如設定目標、下決定，以及表現相當程度的自主性等等。

跨越過這些假設，心理學只好拱手讓哲學來傷腦筋了。

愛是……

人人都需要愛，即使並不真正瞭解愛是什麼。在國內流行多年的中文譯本《愛的藝術》中，作者弗洛姆即曾再三強調愛人的能力，而不應只是被愛的等待。他也提出五種不同的愛：上帝之愛、自我之愛、父母之愛、兄弟之愛與男女之愛。人不應只是侷限在狹窄的男女之愛中，而應以愛心去拓展各種不同型式的愛。

當然，最令人迷惑而最引起心理學家研究興趣的，還是男女之愛。它可以從三方面來看：

一、從情境方面來看，例如為什麼在某個時空交會點相遇，不早也不晚。這種不可測特性，使人往往歸之於命運。

二、從情感向度來看，它就那樣發生，那樣使人情不由已地「掉」進去，不假半點勉強。

三、從行為因素來看，愛卻是可以努力做到，也許這一點是最重要的。

許多心理學家發現愛的行為因素，跟有效的助人方式甚為相似，羅根・福克斯即是出下列四點：

一、愛是認知：愛開始於對他人出現的注意，忽略了他就是一種不愛的方式。

二、愛是了解：關懷某個人就是渴望知道他，了解他如何的感受，並體認世界如何地影響他。這種了解完全不同於企圖要看穿別人。真誠地了解來自讓別人訴說他自己，而我們能真正地傾聽。

三、愛是接納：愛一個人是愛原本的他，而不是加上自己的幻想與投射自己的期望。接納別人是深深地接受他的過去、現在與未來，是跟他親密在一起，而不加裁判或評斷。愛是尊重他的個性。

四、愛是反應：愛是溫柔地對待他的需要與缺點，並忠實於自己的感受，因此時常需要花點時間與心力來解決彼此之間的問題，預防關係的受到傷害與惡化。

若能「做到」上述四點，就很容易「產生」溫馨、感人的愛情了。

給嬰兒一個好環境

有許多哲學家喜歡思索：人生而自由，還是被決定的？從二分法去立論，往往壁壘分明，卻各有漏洞。若從心理學角度來看，人生下來，所有從父母而來的遺傳因素都已決定了。

但人的一生並非全由遺傳所決定，心理學家現都有個共識：人的發展決定於他與環境的互動。人在這種互動關係中，一般來說，成人具有較多自主性，但在出生後的早期階段，人卻只能受父母所安排的環境。

心理學家觀察到：一個月的嬰兒仰躺時，會注視上方吸引他的東西，但不會想去拿；到了兩個月大，他會緊握拳頭並敲打擊這件東西；四個月大時，他會看一看自己張開的手，再看一看東西，逐漸試著減少這兩者之間的距離；五個月大時，他就可以正確地握住這件東西。

雖然這種反應次序的普通性，表現出相當依賴於生理成熟的程度，但速度還可以更快。心理學家發現可用下列方法，來充實一個月大嬰兒的環境：

一、增加擁抱嬰兒的次數。

二、讓嬰兒在搖籃裡舒適地仰臥，並打開搖籃的邊門，便於嬰兒觀察周邊的活動。

三、改用有顏色與圓形的被單與柵床。

四、在嬰兒的柵床上懸掛精巧的飾物，形成對比的顏色與模式，俾讓其注視與用手觸摸。

受到這種待遇的嬰兒，平均三個月大，就能夠使視覺指引行為完全發展，而沒有受到這些刺激狀況的，則需要五個月大才能完成。在此必須提醒的是：除非嬰兒已達成熟的狀態，否則刺激的增加可能因超越其反應能力，不但不能引起加速發展，反而造成困擾，例如較多的啼哭。

根據懷特的研究，嬰兒兩個月大時，在柵床欄杆上裝上簡單但富色彩的東西，三個月大時再換上較複雜的飾物，將可造成最佳的發展，既不會表現出困擾，能持續注意周邊的東西，並且不需三個月就可發現視覺指引的行為。

以上只是視覺研究的例子，其他有關各種感覺的發展，以及隨之而來的意識，在嬰兒幾無法自主而可塑極大的階段，父母應如何提供最佳的環境，就深值加以重視了。

打好基礎

自從佛洛伊德發現潛意識的世界，進而追溯其形成的根源，為兒童的早年經驗後，即引起很多心理學家從事兒童心理學的研究。而有關兒童的界定，眾說紛紜，較為人普遍接受的是：兒童早期為二歲到六歲，兒童期晚期為六歲到十或十二歲。

從發展心理學的觀點看來，每個階段都有人可以及時獲得的技巧與行為模式。海維格斯特（R. J. Havighurst）即曾提出兒童期階段中應發展的工作，其中主要的有：學習自己與父母、兄弟姊妹以及其他人之間的情緒關係，學習判斷是非與發展良知，學習一般遊戲所必須的身體技巧，學習與同年齡夥伴相處，學習扮演適合自己性別的角色，發展讀、寫、算的基本技巧，發展日常生活所必須的種種概念，發展道德觀念與價值標準，以及發展對社團與種種組織的態度。

由此可知，兒童期是人生的基礎時期，在此期間所建立的態度，習慣與行為組型，是決定個人長大後對生活適應的主要因素。由於身體及神經結構的可塑性，兒童比其他動物容易學習，也容易發展許多不同種類的適應型態。

很多心理學家的研究，提出下來結論：

一、兒童在家庭以及在同輩團體中所扮演的角色及人際關係，會決定他將來變為領導者或跟進者，以及對異性的態度與對婚姻生活的適應。

二、以自我為中心的人，多半是來自於他在兒童期的經驗，使他不能與別人做情感上的交流。

三、兒童期惡劣的生活經驗，不但使他們沒有機會學會應有的技巧應付環境，便使他們養成許多不當且有破壞性的態度與行為組型。

四、早期不健全的人際關係，尤其是母子關係，對基本行為組型的建立有很大的影響。喪失母愛，往往會使兒童的心理受到嚴重的創傷，而影響日後的人格發展。

在人生的早期，當種種態度與行為組型開始發展成習慣，父母對兒童生活的影響常遠勝於老師或同輩朋友。因此，期盼為人父母的，多重視兒童的身心發展，並給予適切的關懷與愛心。

人工母親的啟示

心理學是門科學，所以常見連一些眾人皆曉的道理，也要拿來驗證一番，就不足為奇了。

但也正因為這種貌似笨拙的苦功夫，卻有時能發現新義，充實或修正原有的內涵。當然，以人為中心的心理學家，對於會產生嚴重後遺症或永久性傷害的實驗，都以動物為對象，正像醫生的活體解剖，拿動物來開刀一樣。

例如，大家都知道嬰兒與母親關係的重要，但如何重要呢？一九六六年起，哈洛、蘇米、沙克等人，即曾以猴子作一連串實驗。他們把生下來不久的小猴子和母猴隔離，而以人工母親來替代，小猴子可以從人工母親那裡得到食物，還可以在其身上攀爬。

他們在實驗室擺設兩個固定不動的人工母親，她們雖然有頭有臉，也有軀體，但卻怎麼也不像真正的母猴。其中一個由鐵絲組成並配有供應乳汁的設備，另一個則由絨布構成，但卻不供應乳汁。他們發現，由絨布作成的母親比用鐵絲者更能引起小猴子擁抱的動機。

這項實驗的目的，在想確定，是否供給食物的母親，就是小猴子喜歡親近的對象？結果顯示：儘管可以從鐵絲做成的母猴吸吮到乳汁，但小猴子還是喜歡和用絨布做成的母猴在一起。他們也發現，當小猴子置身在一個完全陌生的環境時，若能與絨布做成的母猴在一起，就能很明顯地減輕其恐懼感。只有在攀掛母猴的手上時，小猴子才敢放膽去探究一件陌生的東西，否則不會輕易去接近它。

在出生後六個月當中，和母猴隔離的小猴子，極少能和其他猴子融洽相處，並且很不會交配，長大後的雌猴，即使經過一番努力而交配後，也很難成為一個好母親，對所生的小猴子會有忽視和責罵的傾向。這些早期孤立的小猴子，不管以後和其他猴子如何接觸，經發現都很難發展出正常的社會行為。

從這種不合人道的實驗裡，我們是否得到某些啟示？以下再談以人為對象的實驗。

母子間的依戀關係

從精細胞與卵細胞結合的那一剎那，一顆小小的受精卵細胞就展開了盤古開天的神妙過程，迅速地一生二，二生四……直到呱呱落地。在這期間，胎兒的生命與母親的生命是息息相關的。

因此，最近某些心理學家與醫生都主張誕生後的嬰兒應儘速送到產婦旁邊，讓她輕輕的擁抱。因為只有嬰兒所熟悉的母親心跳頻率，才能給予最大的安全感。這種安全感是他日後建立人際關係的基礎。有母親在一旁時，小孩也才願意去探索外在的種種環境，這種對母親的依附，在兩歲左右達到高峯，離開母親時最會哭泣。兩歲以後，孩子開始慢慢習慣和母親分開。到了三歲左右，他已可以在母親不在時，和同伴或其他認識的大人在一起遊玩。

一九七三年，瑪麗・愛因斯沃斯（Mary Dinsmore Ainsworth）從母子關係的實驗中得到如下結論：嬰兒對母親的依附始於一歲左右，依戀程度則隨母親對嬰兒需要的反應而異。大部份的嬰兒表現出一種安全性的依戀，有些則表現出焦慮性的依戀。和母親重聚時，表現出逃避或矛盾行為的焦慮性依戀的嬰兒，可能是對母親有時無依賴的一種抗拒。還有另外一種極端的例子，如必須長期忍受和父母分離的嬰兒，在第一次與父母重聚時，都表現出相當的漠然。

同年，史鐵頓也提出研究報告：焦慮性的反應和孩子一歲前，母親對孩子的忽視有關。她們和孩子接觸時，過份注重自己的希望和情緒，而沒有注意孩子的需要，以及孩子發出的信號。例如，當孩子哭泣時，她們的反應隨自己心情而定，有時會注意而去抱抱孩子，有時卻不予理會，這就會造成嬰兒的不安全感。

心理學家發現，不論母親對嬰兒如何照顧，早期母子的一再分離，勢將造成嬰兒的焦慮性依戀。迄至目前的研究指出；如果不得不把嬰兒送去托兒所，要注意的是，出生後就把嬰兒送托兒所或三歲後才送托兒所，比在依戀最強烈的兩歲時有利。這項研究，與佛洛伊德主張嬰兒時兩歲起開始發展自我的概念，似有相當的密切關係，值得他日再討論。總之，不注意孩子的反應，或母子的一再分離，都將逐漸破壞孩子對母親的信任，值得我們深加警惕。

三、我們需要哪一種愛？

在談「愛」這個主題時，我們先來看一段真實的小故事：

在二次世界大戰期間，被日本人所俘虜的英軍，被迫在泰國北方的桂谷，從事馬拉松式的營建工程。有一天要收工的時候，日本兵宣稱丟了一把鏟子，並堅稱有人偷去賣給泰國人。他在眾人面前不停地走動，咆哮辱罵，要求做錯的那個人站出來受罰。

但是沒有人站出來，這日本兵就憤怒地尖叫著：「全部該死！全部該死！」並拉動了來福槍的板機，瞄準槍口所對的那個人。就在那一刻，有個人走出來，平靜地說：「是我偷的。」結果，這個人不吭半聲地被日本兵的拳頭、槍托活活打死了。

但最後重新清點工具時，卻發現一把也沒有少。這位並沒有偷工具的人，為了全隊的生命而自願地犧牲了。

愛的意義與種類

我們看了這個小故事，是不是感到這位自願犧牲者的大愛？這種極高度情操的大愛，不一定只發生在聖賢身上，也許在某種情境下，我們也可能激發出來類似的情操，但沒有遇到考驗，我們就永遠不知道自己會怎麼反應。

我們舉這個故事，主要的用意是說明愛有很多種，除了這種大愛之外，還有很多種的愛，絕對不只我們所想到的男女之愛。雖然男女之愛是很自然，也很重要的愛，但在我們求學時期，最好能學習或培養各種愛的力量。

從中國文字學來看，「愛」這個字有不停地加惠於人的意思。在儒家思想裡面，「愛」跟「仁」密切連在一起。《論語》上說「樊遲問仁，子曰：愛人」，孟子也說過：「仁者無不愛也」、「愛人者，人恒愛之」等話。所以，「愛」即使不完全等於「仁」，至少也是「仁」的主要特性，所以後來往往「仁愛」並稱，成為一個常用詞彙。

這種仁愛，由內向外開展，可分四個層面：

一是對自己：如《中庸》所說：「修身以道，修道以仁。」簡單地說，就是要忠實於自己的修身之道，對待自己要自愛、自重，不要糟踏自己寶貴的生命。

二是對別人：孔子曾說：「仁者，人也；親親為大」、「孝弟也者，其為仁之本與！」這是說對待父母及兄弟姊妹等，要有仁愛之心，進而擴展到對全體人類，如孔子所說：「四海之內，皆兄弟也」、「夫仁者，己欲立而立人，己欲達而達人」，以及孟子所說：「老吾老，以及人之老；幼吾幼，以及人之幼」等等。

三是對萬物：《論語》曾記載孔子小時候家裡貧窮，為了奉養父母與祭祀，有時必須釣獵，但他只釣魚而不網魚，只射樹上飛鳥而不射宿鳥，這也就是說，雖無法做到佛教所重視的不殺生，但也絕不趕盡殺絕。這種精神延續到清朝皇帝打獵時，也絕不四面圍捕，而只三面圍捕，即所謂「網開一面」，讓被獵捕的動物有逃生的機會。孟子所說：「仁民而愛物」、張載所說：「民吾同胞，物吾與也」等等，都具有這種思想。

四是對上天：孔子說：「仁人之事親也如事天，事天如事親。」天有很多種意義，這裡所講的天，是宗教意味的天，也就是說，侍奉父母與上天，都同樣要誠心誠意，敬愛有加。現代佛教提倡孝道，也常說父母就是我們家裡的菩薩，不要捨近求遠。

墨子也曾說：「亂何自起？起不相愛。」接著說明君臣、父子、兄弟不相愛而造成亂的後果；因此，特別提倡兼愛。後來的韓愈也提倡博愛。說到這裡，大家會不會感到奇怪，怎麼沒談到男女之愛？是的，在先秦學術著作中確實不易找到這類的論述。難道中國古人不談情說愛？當然不是，例如《詩經》中就有「豈敢愛之，畏我父母」的感嘆；描寫少女既想約會，又怕驚動父母的心情。又如管仲姬寫給想要納妾的趙孟頫的一首詞：「你儂我儂，忒煞情多，情多處熱似火。」從這兩個例子中可以知道，古人不是談「愛」就是說「情」；合起來成為「愛情」這個辭彙，還是近百來年的事。

至於西方文化根源的古代希臘，不像中國以「愛」一字來概括各種的愛，而是以三個不同的字眼，來描述三種不同的愛：朋友愛（philia）、宗教愛（agape）、異性愛（eros），所以明確多了。關於這三種不同的愛，經過西方文化中的漫長演變，說起來是沒完沒了的，此處篇幅有限先略而不談。我們以下就直接從橫截面來談三種不同的愛。

一、父母之愛：

一般說來，由於母親經過約十個月的懷胎過程，對於子女的愛，往往比父親較自然產生，而不是由於學習得來的；另一方面，母親的愛也較為是無條件的，而不像有些父親「由於你能達成我的期望，由於你能盡責任，或由於你像我，所以我愛你」那樣的帶有條件。雖然如此，跟其他種的愛比較起來，父母的愛是唯一不要求對等報償的情感，即使或有「養兒防老」的觀念，但卻絕不是父母之愛的動力來源。

從心理學的觀點來看，即使每個人在先天上都具有愛的潛力，但這種潛力的有效發展，卻是從學習而來的。我們出生以來，都從母親的看護與養育中，體會到安全感、滿足感與適舒感。隨著自我意識的萌芽與發展，就產生了與父母親近而不願離開的心理需求，並希望得到父母的讚許與關愛，也體會到了父母那種不計代價的愛護。到了幼年時期，他已多少懂得對父母表示一些愛的舉動，也就是說，他已逐漸懂得由被愛而移轉為愛人了。他逐漸能關愛到兄弟、同學、朋友。到了青春期，他也開始發展對異性的愛。

身為父母的主要課題，是幫助子女成為一個完全的自由人，他（或她）可以開闢自己的前途；而不是為子女做抉擇。至於子女對父母關係的發展，一般來說，是由依賴與依靠，經過較為退縮（如果不是拒絕的話）的時期，而達到熱切地讚賞與實實在在的尊重，最後則是相互的關懷。孝親之愛這個過程的階段，可以馬克吐溫的一段幽默而深刻的話作為代表，他說：「七歲時，孩子相信父親無所不知；十四歲時，則認為他毫無所知；到了二十一歲，驚訝於這位老先生怎麼知道得那麼多。」

二、朋友之愛：

古希臘哲學家亞里斯多德認為，真正的友誼超過（雖然也時常包括）利益與快樂。

只有奠基於德性善良的人格之上，才能維持久遠。而且，也必須慢慢地發展，因為它是以熟悉、知識與相互信任做為前提的。

孔子曾提出益友的三個必要條件：直、諒、多聞。也就是說，在真正的朋友面前，互相不掩蓋，而且也願意聽到自己的過失，這種「直」就是真摯友情的流露。而且還要互相曲諒，這種互相信任的「諒」，才能使友誼深厚地發展起來。至於「多聞」，則較能使彼此之間架起多重溝通的橋樑，而較能互相深入對方的心靈。中國有句成語「管鮑之交」，說的就是朋友之間相知之深，所以管仲感嘆地說：「生我者父母，知我者鮑叔也。」管仲後來所以有機會襄助齊桓公稱霸天下，即由於有鮑叔這位益友。

益友的反面是損友，孔子所說的三種損友是：便辟、善柔、便佞。簡單地說，「便辟」就是裝模作樣，毫不真誠；「善柔」就是巧言令色，當面很會拍馬屁；「便佞」就是很會耍嘴皮，但並沒有真才實學。這種損友，實在不能稱為朋友。從前翟公任職廷尉時，賓客盈門。等到因故停職時，卻門可羅雀。後來復職時，賓客又想前往，他乃在大門上貼了字條：「一死一生，乃知交情；一貧一富，乃知交態；一貴一賤，交情乃見。」其實官場冷暖，本是常態，這些攀緣富貴中人的賓客，無非想撈些有形、無形的好處，本來就不夠格稱為朋友，翟公怎麼以朋友來要求他們？

真正的朋友情誼，是來自真實自我的相遇，而不是來自角色的關係。友誼是預設著心理的平等，也就是說，彼此體認對方與自己具有同等的價值，而不去計較經濟、社會、教育與年齡等因素。因為友誼的最大特色是觀點、希望、關心、愉悅與哀愁等有意義的溝通。這種真誠的溝通，不像一般人在交往中常犯的種種毛病，例如曲解、粉飾、算計等等。

當然，這種溝通並不意味著友誼必須做到完全地溝通，或向對方追根究底，好像彼此成了對方的分析者；而是仍然存有彼此之間應有的分際。這種自然、尊重而又親密的特性，正是友誼使人長久愉悅的原因所在。

難怪有人問波斯國王賽魯斯（Cyrus），是否願意割讓剛從賽會上贏來的珍貴寶馬，以換取一個王國，他說：「不，真的，先生。但我願誠心誠意地獻給真正的朋友，如果我能找到值得如此結交的人的話。」

三、男女之愛：

愛有很多不同的形式，但最讓一般人驚心動魄、牽腸掛肚的，當推男女之愛。主要的原因是，這種愛與兩性互相吸引的事實有關。也由於性使得男女愛情充滿熱切、韌性與驅使力，而容易使人將愛與性混為一談。然而兩者卻有著不同意義的焦點：愛在基本上是一種象徵的過程，展現在想像、思想與情感的水平上；性卻涉及到性賀爾蒙的參與，因激情而提高分泌。

台灣自解嚴以來，由於各種大眾傳播缺乏有效地自律，在市場導向的情況下，製造了很多不宜兒童及青少年觀看的內容，並傳播許多錯誤的性觀念，而有性泛濫的趨勢，產生了不少社會問題。許多學校也開始重視青少年的性教育，以減少由於無知、衝動、錯誤的認知而造成不良的後果。除了嚴重影響課業外，在社會的雙重標準，以及生理構造有別的情況下，女生所受的身、心傷害尤其嚴重。

至於男女之愛，而不涉及性行為，也是會影響求學的；影響的深淺，則依戀愛的程度而定。在求學階段，是我們學習各種知識最有效率的時期，不只耳聰目明、記憶力強、精力旺盛，而且沒有家庭的負擔與工作的壓力或困擾。在這學習的黃金時光，浪費在尚未成熟、沒有結果的愛情上，實在是生命的最大浪費。

但愛與性卻又是一般人所必經的道路，雖然在求學階段不應去做，但卻可以學習正確的知識與培養正確的觀念。在性方面，除了學習學校所安排的性教育課程外，最重要的是所有引起性幻想的書報、雜誌、電視、電影等媒體，都應避免去看、去聽，並培養運動的習慣，使我們身強體健，而不致心靈萎靡或胡思亂想。在愛方面，可以閱讀唐君毅先生所譯的《愛情的福音》，我在讀台中一中時，買到這本正中書局出版的好書，真的把它當作福音一樣，買了好多本送給要好的同學。幾十年過去了，現在重看，還是覺得意味深長。另外，還可以看志文出版社印行，弗洛姆所著的《愛的藝術》，他認為愛是一種品格的趨向，而這種趨向決定一個人對整個世界的趨向，因此，他強調愛是需要學習與訓練的。

對愛的感想

記得台大畢業時，有位同學在紀念冊上寫下感言：「我需要愛，任何一種的愛。」使我感觸良深，不只是他，我們都需要愛，但卻又想起佛洛姆的話來。他說，我們都需要被愛，卻大都不懂得去愛別人。例如，父母愛我們，我們有沒有去愛父母？推大來說，朋友之愛、男女之愛、手足之愛等等，何嘗又不是同樣的道理？

最後，我們來看當代社會學大師索羅金（Pitirim Sorkin）的一段話，他說：「殘酷、憎恨、暴力與不公，絕不能也絕不會建立任何心靈的、道德的或物質的世代。唯一能邁向幸福世代的，只有付出而不求償還的『創造性的愛』，這不單是說教，還是一種不斷的實行。」所謂創造性的愛，就是種積極的、妥當的、不息的去利益別人。我們就此停止談愛，開始以行動去關愛別人，並先從我們周遭的人做起。

四、人格成長的泉源

我們今天朗朗上口的「人格」（Personality）這個辭彙，是個外來語，來自希臘的persona，原義為面具，在演戲時，作為劇中人物性格的象徵。這跟我們國劇的臉譜，有相似的作用，不過，我們所用的臉譜，比希臘的面具有著更強烈的象徵意味。

那麼，中國人從前怎麼描述一個人的基本特性？早先是用心性、心地，後來也逐漸使用品性、品格、品德等等字眼了。對於「人格」，心理學家給了許多不同的定義，不過，以畢倫（Birren）的定義最為鮮明，他說：「人格是個人對成年生活中事件的獨特反應方式。」事實上，人格並不是一成不變的，在成年以前的人格即是逐漸養成的，人格的起點應從什麼時候算起？這有許多不同的說法，像佛教，依據輪迴的觀念，可以追溯到前世，甚至好多個前世。但我們這裡不談宗教，而只從心理學的觀點來談。

如何了解本來的「我」？

我們先從佛洛伊德談起，因為他是影響二十世紀最偉大的心理學家。他老是跟他的父親處不來，後來他開始寫夢的日記，對每次做的夢都詳細記載下來，並加以分析。最後，他記起了早已經遺忘的記憶。他記起兩歲時，父親罵他，他在父親走後，就在父親睡覺的床鋪上灑了一把尿。他恍然大悟，原來這是他跟父親關係不好的源頭。了解了原因後，他跟父親的關係變好了。他在所出版的《夢的解析》（志文出版社的印行中譯本）書中，即提出著名的潛意識理論。他認為人到兩歲時，即產生「我」的概念，有了這個概念以後，才開始逐漸形塑人格。

但是否每個人都在兩歲時有了「我」的概念？那倒不一定。我們怎麼知道自己幾歲時有了「我」的概念？那就要看我們最早的記憶可以追溯到幾歲而定了。在我多年的調查中，大部份人記得最早的事是在四、五歲之間；有的人只記得六歲以後的事；但有的人卻可記得二、三歲時的事；在一千多案例中，只有兩個人竟然記得一歲時發生的事。從理論上來說，這是可能的，因為我們一生下來時，腦細胞都具備了，而耳朵、鼻子、嘴巴、皮膚即開始接受刺激，而有感覺了，至於眼睛在稍微適應焦距後，也能看見事物了。有了感覺，再經腦細胞的功能，而形成知覺，就可能形成短期記憶。如果這種知覺很強烈，就可能形成長期記憶，雖然事隔多年，還是記得起來。

但我們現在所能記憶的最早發生的一件事，是否還能往前追溯？這是可能的，如果我們也能像佛洛伊德那樣分析自己的夢的話。但夢很快就會忘光，怎麼寫夢的日記？很簡單，只要在床旁小桌上準備紙筆，乍一醒來，就趕快寫下來。至於如何分析就比較難了，大都要靠專家來解讀。這裡只能提供一個最粗淺而有趣的方法，即把這個月以來所寫的日記，快速地瀏覽一下，而加以歸類，再把最常夢到的種類找出來，那麼這種夢就象徵著我們這個月來的內心世界。長期做下來，不只可以記起現在已遺忘的事，有時還會從中得到靈感，而且還可以愈來愈了解自己。

包括佛洛伊德在內的許多心理學家，都強調童年生活對人格成長的重要性。孟母三遷的故事，說明了兒童生長環境與同儕團體的重要性。此外，影響童年人格成長最重要的是父母的價值觀念與教育方法。因此，為人父母者亟須注意自己人格的充實與健全，並注意是否有下列「濫用權力」的情形：

一、苛求子女出人頭地，一旦失敗，便加以譴責。

二、只因為自己是父或母，便強求子女的尊敬。

三、忽視子女的智慧。

四、依傳統與偏見行事，固執己見。

五、不肯認錯，缺乏人性，道貌岸然，不苟言笑。

六、抹煞子女個性，動輒歸咎子女。

七、對子女的傾訴聽若無聞。

八、認為「不打不成器」，動輒處罰子女。

九、處處替子女發言。

反過來說，為人父母者若能採用下列建設性的原則，當有助於子女人格的健全發展：

一、勉勵子女盡力而為，萬一失敗，也不加責怪。

二、以平等地位對待子女，不倚老賣老。

三、重視子女的智慧。

四、以自己的見解作為子女的參考。

五、勇於認錯，平易近人，不怕表現感情。

六、尊重子女個性，凡事就事論事，不以偏概全。

七、能認同子女話語背後的感情。
八、注重紀律，以鼓勵代替打罵，不強子女之所難。
九、允許子女自己發言。

老師是再生父母

上了學校以後，在我們人格的形成上，有關學校的環境與設施、教學的課程與方法、老師的見識與價值觀念、社團活動的參與、圖書館的存書與功能、師生之間或同學之間的互動，以及學校無形的風氣等等，都在在發揮其影響力量。因此，我們在求學階段，不應只是被動地聽課、讀書與應付考試，而應主動地學習，好好使用學校所提供給我們的各種資源。在課堂上，應勇於提出問題，如此，不僅老師的靈感可以充分發揮，而倍感興奮，其他同學也往往因此受益，因為他們可能有同樣的問題，卻不敢發問。如果心理上有什麼困擾，也可以課後請教老師，即使老師不一定都能解決我們的問題，至少可以舒解我們的壓力，帶給我們不少的啟示。寫到這裡，實在忍不住舉出自己的往事來做說明。

記得讀初中（當年還未實施國中義務教育）二年級時，因各種太深的觀念互相衝突而痛苦，又無法跟未受過教育的父母談，以致在週記上寫下一句話：「我就像走在山谷之間的鋼索上，進退不得。」沒想到教我們理化的劉之群導師因此找我談話，談些什麼已無印象了，因為在她關懷下，只記得自己一直泣不成聲。後來上了大一，讀到尼采的《蘇魯支語錄》，嚇了一跳，書上居然有類似我寫的句子。這位著名的德國哲學家晚年精神崩潰了。想到這裡，不禁捏把冷汗。四十多年不見的劉老師，不知現居何處，好想當面致謝，不管天涯海角，我都想去拜謝。

另一位老師卻永遠見不到了。他就是在我讀高二時，教我們歷史的齊治平老師，他上課總是穿著長袍，手不帶書，卻能依照教學進度，一路講下來。記得他講到安祿山之亂、唐太宗繼位時，有感而發地說到，當年蔣總統退到台灣時，如果他不再復位當總統，而是以他聲望與權勢穩住台灣局勢，並另請有能力的人來當總統，一定可以加速台灣政治、經濟等各方面的發展。當時只知他說得精采，今天想來，他是冒多大的險，當時還是戒嚴時期，蔣老總統還在執政吶！他又何嘗不知道？但他不知道的是，在他逝世多年後，大陸的鄧小平真的做到了，自己寧願在幕後，而培養江澤民出來領導。

當時，只知好景仰齊老師，甚至想住他家，以便多多親近與服侍。但他說，你不要只看到我的長處，老師自己也有很多缺點，這樣好了，以後隨時歡迎你到家裡來玩。結果是，我們常到台中公園喝老人茶。在榕樹下、荷花池旁，談論香港新亞書院的唐君毅、牟宗三、錢穆等諸位先生的著作，談到會心處，彷若萬里晴空。當我要報名大專聯考，想以歷史系為第一志願時，他卻說，歷史可以自己讀，哲學卻需要人教。本來對哲學就有興趣的我，就報考當時唯一設有哲學系的台大了，何況那裡有一位著名的方東美教授吶！

還有，當時實在太嚮往香港的新亞書院，曾寫了封信給當時擔任院長的錢穆先生。沒想到他用毛筆回了信，又送我他的著作《湖上迴思錄》。信上說，根據他對台灣法律的瞭解，我要大學畢業，服完兵役後才能出國，並勉勵我來日方長，先好好讀書。讀過他的名著《國史大綱》，到大一聽到人講中國通史的課時，就渾身難安了。想到今天還喜歡看中外歷史名著，一定是高中時受到齊老師、錢穆先生的深遠影響。

大一時，有人偷偷印行當時屬於禁書的《中國哲學史》（馮友蘭先生著），興奮之餘，就買來贈送齊老師，以及雖然沒教過我，但也在台中一中教國文的韋政通、蔡仁厚老師，因為從其他班同學口碑中，知道他們都是志趣於文史哲的好老師。現在，韋、蔡兩位老師，都已是台海兩岸都敬重的著名教授了。當年送書到他們居住的單身宿舍，看到他們捧書時的快樂神情，至今猶歷歷在目。

有趣的是，後來我曾翻譯了本《西方的智慧》（幼獅版），韋教授還拿來做課堂討論的參考教材，最後他還因此寫了本《中國的智慧》（水牛版）。前幾年，輾轉看到大陸有位博士班學生來信，不知如何才能買到牟宗三先生的書，我想，台灣的書價對他來說不便宜，而且人民幣也不易換到美金，乾脆買送給他好了。沒想到他最近來信，說他請的指導教授是蔡教授，人間的緣真是奇妙。

說了這些往事，回憶自己成長的過程，不禁想到三十多年前，發生了一件震驚全台灣的校園新聞，就是就讀北一女的首仙仙同學自殺了。據報載，是因為她讀了德國哲學家叔本華一些悲觀論調的書。實在死得冤枉，如果她知道叔本華本人過的是一種講求生活品味的人，又如果她能跟老師多請教，甚至多聊聊，也不會走上這條絕路了。由此可知，錯誤的觀念是多麼可怕，所以我們在前面特別就價值觀念來談論。古人常說：「盡信書不如無書」，是有它的道理，但也不能因噎廢食，畢竟圖書是我們人格成長的重要來源，只要多向老師請教就好了，尤其是思想觀念的書。

近年來圖書出版非常多、品質也參差不齊，甚至充滿光怪陸離、荒唐頹廢的無聊書。

人的時間與生命有限，雖然我們無法做到德國大文豪哥德那樣，只讀經典名著，但起碼不要讀有害的書或不入流的書。這就要多請教相關的老師。現在學生自殺人數增加了很多，但大多是因為課業或考試壓力，以及情感的困擾所致，希望本系列文稿各章，對年輕的朋友能有所助益。當然，具體的個別問題，還是要多請教老師，最好也能與父母溝通。

總之，在人格的成長上，二十歲以前是重要的關鍵期。有關人格的知、情、意方面，在二十歲時也差不多已趨定型，以後即使有些變化，大致也離不開那已定的型態了。所以要好好把握寶貴的求學時期，最後，真摯地祝福各位，在這成長的路上，身心都能成長得更穩健、更茁壯。

五、從資優生談到智力

近年來，看到幾次報紙上刊載資優生自殺的消息，社會輿論一片婉惜之聲。什麼叫資優生？是否學業成績好就是資優生？所謂資優理應包含那些條件？這是值得我們探討的問題。

什麼叫資優生？

關於資優的條件，美國史坦福大學教授特爾曼（Lewis M. Terman），曾以一千五百位左右的聰明孩子為實驗對象，研究他們從兒童時期到成人時期的身心發展情形。這些所謂「聰明」的孩子，是選自美國加州的兒童。他們在同年齡的智力測驗中所得到的智商，名列在成績最高的百分之一的範圍內。經研究分析後，對資優生的特性，提出下列四點結論：

一、體格的發展：他們在同儕中，總是比較重、高一點，並且還強壯一些。他們有著稍寬的肩膊、較結實的肌肉、較大的肺活量，而他們的頭腦與臂力，也較均衡發展。

他們都具有較好的生活習慣。他們大都吃維他命比較均衡的食物，並且每天比其他孩子多五十分鐘的睡眠。他們很少頭痛，耳目也少有缺點。他們長大時，仍會保持體格上的優點。他們比大多數人都享有較好的健康生活，而且也活得長些。

二、品格與個性：他們在品格與個性方面，高出於一般大眾。他們的德性，如真實、良知、慷慨、忍耐、可靠與同情等，也比一般人高。他們雖或不免自負自大，但喜愛炫耀才能的，畢竟是少數。

這些孩子到了三十歲的時候，他們情緒受困擾的事件，也比其他同年齡者要少。而少數受情緒困擾的，也顯示出具有優越的恢復能力。也就是說，他們的ＥＱ（情緒品質）比一般人要高。

三、學校的成就：除了極少數的例外，他們在學校成績既好，又很快樂。他們只有1％的家長反應，說他討厭學校。一般來說，他們都只用規定的一半時間，就做完了功課，而且成績還高列榮譽榜上。

可是，他們並不見得每門功課都好。他們特別擅長閱讀、語文的使用、數學的理解，以及科學與文學等這類屬於思維的課程。他們比較不擅長於記憶、練習這類的功課，如歷史、地理或機械的數學計算等。然而，即使在這些課業中，他們的成績也大都在常人之上。

他們當中約有一半左右，早在入學之前，就已開始學習閱讀，而閱讀也成為他們大多數人所喜好的消遣。他們的興趣趨向嚴肅的、文學的書籍，如歷史、科學、遊記、詩與戲劇等等，而不是一般的神祕故事或言情小說。

四、婚姻與事業：他們結婚的比例，比同年齡的多，他們在事業上的成就，不論是以聲望或收入來衡量，都是高居上層。他們在踏入職業生涯的初期，大都就有很好的表現，而在景氣蕭條時期，也極少受到波及而失業。他們之中的女性，收入也高出一般的婦女之上。

特爾曼這項長期的追蹤研究，雖然不能完全反映資優生的實際真相，但至少在很大程度上，讓我們了解真正的資優生是什麼樣子，絕對不只是課業成績好而已。例如在前述所說的品格中，資優生就具有忍耐的德性。忍耐，有很多的意義，我們這裡只指出二種：第一種意義，是指承受壓力的能耐。以學生來說，就是承受課程或升學的壓力。適度的壓力，可以促進我們的努力。但壓力超過我們所能承受的範圍，也會造成精神的崩潰。一般說來，學校課程的設計與安排，是經過許多教育工作者深思熟慮而決定的，因此對我們所形成的壓力，是在可以承受的合理範圍內。如果有不適應的情形，就應跟父母或老師說明求教。

第二種意義，是指為長期目標而能放棄眼前的享受或報酬。例如，為了準備功課或考試，而少看電視、少去玩樂等等，或者暫時都捨棄，而全心全力讀書。人生有各種長期目標，而求學就是人生早期階段的一項長遠目標。從小學到國中的義務教育九年，夠長吧，但有的在入學前，就讀過幾年幼稚園；而在國中畢業後，有的還要再讀高中或高職，接著再讀大專院校；有的大學畢業，還要再念碩士、博士，以及國外還有所謂博士後研究。台灣隨著從農業社會轉型到工商社會，由於社會的需求，以及教育的普及，人們求學的階段愈來愈漫長了。這也就是要有很大的耐心，才能達到自己的目標。一般說來，如能在求學過程中，找到讀書的樂趣與意義，那麼就比較不會有需要忍耐的感覺，反而是樂在其中哪！

智力到底是什麼？

其次，我們已知道特爾曼的實驗對象，是智力商數（Intelligence Quotient，簡稱ＩＱ）

的兒童。以下我們就來談一談智力。

心理學家對於智力的看法，並不一致，而對於智力是否與生俱來，也有所爭辯。例如，某些英國心理學家，認為人的智力是與生俱來的，至於訓練與經驗，只是決定他的智力發展趨向的型態而已。而大多數的美國心理學家，則認為智力決不是一般的、不可分割的品質，而是由各種比較獨立的能力，如語言、數學、空間等能力所形成的。也就是說，有的人擅長於作文，有的人對代數很行，有的人對幾何特別拿手等等。

因此，某些美國心理學家把智力，分析為下列幾種單純化的基本智能（Primary Mental Abilities）

一、語言的了解：即擅長了解語言文字所表達的思想，它對閱讀、聽講時的理解與體會，甚為重要。

二、空間的領悟：即擅長思考長、廣、闊的比例，物體相互關係的排列，以及物體在旋轉時所發生的形象等等能力，它在製作藍圖或做幾何課業時，都會用到。

三、推理的能力：即擅長解決邏輯問題，它可以幫助我們預測結果、製作計劃、解決問題，以及適應變動的情勢。

四、數學的技能：即一種迅速而正確地處理有關數量問題的能力。

五、言詞的運用：即擅長於交談與寫作的能力，這在作文、寫心得報告，或開會發言、演講等等方面，都甚為重要。

六、記憶的能力：即擅長回想過去的經驗，以及默記言詞的資料，它不管是在考試，或為人處事上，都是很有利的資源。

七、迅速的辨別：即一種快速細辨異同的能力，它對於閱讀非常重要。

從以上這些基本智能中，可以了解我們自己的智力，在不同層面上的強弱，也可作為我們將來選擇職業時的重要指引。而所謂資優者，他們的各種智能，也有強弱的區別，只是一般說來，比其他人略為高些而已。

雖然許多心理學家，都主張智力是與生俱來的，但他們也同意，先天的智力是否能夠充分地發展，則有賴於環境，特別是在兒童時期。大致說來，父母如果多鼓勵子女讀書，多給他們接受刺激、訓練，是有助於他們智力的發展。

了解自己的智力

許多心理學家發現智力高的人，經常具有三種主要特性：

一、演繹與歸納的能力。

二、獨創的見解。
三、批判的能力。
而且一般也都具有下列十種特性：
一、較長時間的注意力。
二、較多的好奇心。
三、善於言辭，並且有豐富的字彙。
四、機智。
五、自我批評的能力。
六、對一般事物都比較熱心。
七、見解客觀，沒有偏見或出於意氣的曲解。
八、敏捷的學習能力。
九、持久不忘學習所得的能力。
十、組織資料的能力。

這些可以幫助我們了解自己，哪些能力較強，哪些較弱，也可作為我們將來選擇科系或就業的參考。當然，我們也不必完全受目前所評估的智力所支配，如果我們的志願很堅定，那麼可以配合志願，來加強我們嫌弱的智力。如果有這樣的決心與努力，加上高度的情緒商數（即ＥＱ），也就是說，有穩定的情緒，那麼將來到社會就會比較有良好的適應，早晚就會有實現自己理想的機會。當然，一個人的成功或成就，還要有其他很多的因素配合。但在求學階段就了解自己的智力專長所在，並全力充實自己，無疑地，是非常的重要。

六、佛陀的教育方法

一九九二年二月 講於十方禪林峨眉道場教師學禪冬令營

歷史上從事教化的佛陀

今天跟各位簡要談談佛陀的教育方法，提供一個教育上的佛法背景給各位參考。陳柏達居士曾寫過《佛陀的人格與教育》，這本書內容非常豐富，年前也有以佛教的教育為主題的國際佛學研討會，這些討論都很深入，這裡做概要的介紹，要具體深入瞭解，還要各位去看佛典。再者這裡所介紹的，限定在這地球上生活過的從事教化的佛陀，因為不這樣限定，就會涉及大乘佛教經典裡神奇的、不可思議的佛陀，那範圍就太大了。現在要介紹的佛陀只是大家所能理解的歷史上平實的佛陀。

佛陀在世的教化當然是來自他悲憫眾生，為救眾生出離苦海。佛教裡有所謂「八苦」，是四聖諦的苦諦、集諦、滅諦、道諦裡的苦諦，還有十二因緣的緣起法等，這些都是佛陀的基本教義。如果不瞭解四聖諦、八正道、十二因緣，就很難瞭解佛陀。可以多多去學習瞭解，這有助於我們理解佛陀的教育方法。

佛陀的人格

那麼講教育，教育家的人格是個重點，這裡先簡單講一下佛陀的人格。作為一個老師和一個教育工作者的人格，在教育方法上會有很大的影響的。人格是現代心理學的用語，但「人格」一詞是很抽象的，具體地講人格就是產生人的行為的心態，人為什麼有那樣行為的心理原因是什麼？假如用一句話來描述佛陀的話，用兩個字或三個字就可以了，也就是「慈悲心」、「佛心」。

佛的人格細分一下，這裡簡單介紹幾個層面。佛陀的學問非常豐富，他出家前受過良好的宮廷教育，有最好的老師指導，不管文的武的，天文地理還是其他學問，他都有相當深的涉獵。在這堅實的學問基礎上，他又進一步離開王宮，參訪當時婆羅門教與其他外道的各門各派的學問，這些他都很廣泛地實際參學過，而他最終的目標是求得究竟的真理，他的一生以傳法講道、彰明真理為最大志業。

在原始佛教裡我們可以看到非常豐富的佛陀，他的慈悲心在現實生活中活生生的原型表現，這便反應到後來大乘佛法，世人崇拜的觀音菩薩普度眾生的大慈大悲上。佛陀在他的一生行誼裡就是以無比的慈懷對待當時他所遇到的人事物，以大慈大悲之心看待各種人類的苦難。這些苦難主要歸於我們人內在的原因，也就是由於我們心理因素造成的，這是佛陀努力講道的重點。

佛陀語言的能力很強，懂很多的方言，他平常喜歡用的就是方言。曾經有學生向佛陀建議說，您能不能用高雅的語言來表達呢？佛陀說語言是一個工具，讓大家便於瞭解，語言的文雅與不文雅都不重要。當時印度不是我們想像的統一的國家，都是一個小國、一個小國，而且大多是比中國春秋戰國時代的國家還要小，方言很多。曾經有四個小國的國王向釋迦牟尼佛來問道，每個國王講的語言都不一樣，佛陀分別用他們的方言向他們講道。

人生難得身心健康與安全感

佛教是婆羅門教的革新者，也可以說是人類史上最早的宗教革命，第二次應該是由耶穌自猶太教轉承分離出天主教，第三次是基督新教對天主教的宗教革命。佛經裡記載的很多詞彙、風俗習慣等都是延續婆羅門教來的，但佛教把婆羅門教的一些重要觀念直接涉及到婆羅門教教義的糾正過來，把無傷大雅的東西保留下來。所以婆羅門教和許多外道經常來向佛陀挑戰辯論，在南傳佛教的記錄上可以看出來較多這些辯論的情形。佛陀有非常健康的身心，口才很好，他從小就有練武的基礎，體魄強健。後來他到處奔波，像孔子一樣周遊列國。佛陀世壽八十一歲，當時印度平均壽命大概三十歲左右，這算起來是很高壽的了。

大乘佛經說釋迦牟尼佛的外貌和身形特徵是三十二相、八十種好，相貌圓滿莊嚴。這種形容也不是佛教發明的，而是婆羅門教的最高讚美詞。佛陀除了身體健康之外，心理當然更是健康。健康是現代的詞彙，南懷瑾老師經常跟我說世界上沒有一個人是心理健康的，如果說誰健康的話，那只有釋迦牟尼佛。從反省心理健康來講，我們每個人都有心理上的毛病，特別在佛洛伊德說的潛意識裡，我們有很多負面的東西。

釋迦牟尼佛在心理健康上，用現在的話來講達到了完美的境界，這境界在大乘佛教裡經常講的。比如說，人白天的理性意識作用與晚上潛意識顯露出的內容是不是一樣呢？我們白天自以為人格比較高尚，晚上睡覺夢的內容也可能會比較亂七八糟、低級齷齪，每個人多多少少都會有這樣的經驗。我們看不見的潛意識裡包含了我們不敢做的東西，它在夢裡顯現。所以要做到心理上徹徹底底的乾淨，包括做夢、潛意識也很乾淨，這是心理健康很高很高的標準。

這裡我們若把這些心理健康的要件簡單歸納起來有幾點，扣掉宗教特別濃的因素之後，來看心理健康方面，那麼所謂信根、信力、定根、定力等，用現在通俗的術語來講就是很有安全感。我們描述佛陀慈悲心的心理，是禪定修成的，但那也是他內心本來有的。所以佛陀是不可能愁眉苦臉的，修行和度化眾生是很艱鉅的事，但是在佛陀心理上應該是喜悅的，這點是我特別要提出來的。學佛的人無論是在家的人還是出家人，都應該是高高興興的，不應該有沮喪和擔憂等。一些學佛的人枯槁憔悴，這是不對的。不管人生如何苦？一定要從內在發出真正的喜悅，這才是正確的修行方向。

佛陀的教學總目標

據此我們談佛陀的教育方法。沒有一部佛經完整表現佛陀的教育方法，也沒有一部佛經專門講佛陀的教育方法。所以要從很多經典，而且要盡量從原始佛教的經典來尋找收集和歸納。這種歸納也不是完全科學的，作概念的分類是因人而異的，所以會有互相衝突的現象，而且也不見得很精確。

那麼在了解佛陀的教育方法之前，先要知道他教學的總目標，這教學總目標就是成佛。《涅槃經》裡認為修行的目的就是要成佛，達到涅槃境界。依此來設計教學的若干目標，第一親近善友，第二專心聽法，第三繫念思惟，第四如法修行，這就包括所謂的聞思修都在裡面了。所有教學方法的最後目標，不是要讓弟子有豐富的學識而已，整個佛學最大的目標是要行動，要付諸實踐。

不久前，我去香港看南懷瑾老師，他還是說這句話，佛學就是一個字「行」。他提出「世道有功方是德」。我們平常講功德，其實有功才有德，這才是功德。這是提醒我們不要把功德看得太容易了。無論大事小事，你都要做好，真正做出事來，成就了，這樣世道有功，才有功德。南師這句話再次強調實踐的重要。在很多佛的經典裡，幾乎都會強調實踐，甚至於可以少一點知識，但是要真正做出來，聽到一句話就去做，要比聽到一百句話要可貴得多。所以知識多、學問多還不如學少而篤行。佛陀教育方法的目的，我們明講，不是為了傳播知識，而是以讓大家獲得解脫為目標。用現代通俗的話說，要人人永遠安樂。這以宗教的語言表達就是了脫生死，超出三界外。這是很高的標準。起碼來說，要從做人立場求解脫，這是起碼的目標要求。

佛陀的教學要旨

佛陀的教學方法，第一，不要有人我的執著，不要有法執，不要有知識的偏執，這些會變成障礙。任何的法執皆不宜，只會使我們自己拖累自己，這道理在《金剛經》裡講得清楚。佛法如船筏，既已渡人到彼岸，法便無用，也不必用了，不可再執著船筏。「船筏」只是工具，要捨棄「船筏」。再如所有的語言文字也都是工具，語言文字是有缺陷的，要善用不受其害，這是一個矛盾。沒有語言文字，就很難傳達真正的道理，也不會有概念思想，但是語言文字本來就有許多不足，不管哪國的語言文字，都是一個本身有限制的符號系統，你在哪個語言文字系統裡，你的思維就會受其影響。所以語言文字也是「船筏」，要得意而忘言，捨去「船筏」而登上彼岸。禪宗教學說法方式，講完後就將其打破，這是告訴我們話不要抓住不放，要領悟其旨，這是教學上的一大特色。

第二，熟能生巧，要誦讀佛經，從一再的學習裡才能真正受用。中國歷史上有很多的大師，如《高僧傳》有的大法師一輩子可能讀一部經、兩部經，用盡一生每天誦讀和鑽研，從文字般若體會到實相般若，也就是宇宙生命的真實，一切恐懼苦惱都可化除。

第三，佛陀講的語言非常生動、非常幽默。佛經裡曾描述佛陀的聲音有八音，臺灣話也是八音，但佛陀的八音不同於臺語的八音。佛陀的八音簡單說是：一極好。二柔軟。三合適，即柔和又恰到好處。四尊慧，佛音很尊貴含有無量的智慧可度化眾生。五不陰，佛音是雄壯的音，使人敬異，令天魔外道歸服。六不誤，佛智圓明使聞者各各得正見。七深遠，音聲由佛陀的丹田而起，徹至十方。八不竭，佛陀到處奔波說法，他的聲音像滾滾長江一樣，滔滔無盡，極為生動活潑。

第四，在傳道講課方面，佛經上說佛陀有幾種不同的解說方式。一是因，從原因上解說佛經為什麼這樣講。二是果，從果上分析為什麼會造成這樣的結果？三是前因和後果同時一起來討論。四是用比喻的方式，這在佛經上非常多。五是非因所因，也就是不應該這樣講，但是沒辦法，只好這樣講讓你體會。這是迂迴的不同尋常的語言表達方式，這在禪宗公案裡常有的。例如公案裡一個故事，有一個修禪者經過市場，遇一個女人要買豬肉，說要買精的，精的就是瘦肉。屠夫說豬肉哪有不精的，都是精的，那修禪者一聽忽然在佛法上就悟了。這也就是說不特別要什麼高雅的語言方式，很粗俗的話，日常生活中說的，也可以讓人一下子反省體會，甚至於悟道。

還有要說人家喜歡聽的話，針對各人不同的根器，讓他在喜悅中接受改進，這其中也包括鼓勵，佛經上有很多鼓勵學人的話。在鼓勵方面，大乘經典裡，佛陀講經說法前常會有大地震動，有佛身各處放光。大乘經典這些記載，不是真正佛教徒的恐怕不相信，所以我因人而異，有時不談的。舉一個例，《金剛經》是《大般若經》裡的第五七七卷，在中國特別受到景仰和學習。這部經裡就沒有「放光」之類的記載，而其他的般若經裡有佛陀說法前「放光」的敘述。至於《金剛經》講佛陀托缽，托缽回來就吃飯，然後洗腳，盤腿而坐，與學生討論問題，記錄得比較平常。在《金剛經》上須菩提問世尊：「云何降伏其心？」其實佛陀不用講經，之前的這些舉動已經告訴他了，也告訴我們了。這用現在的話來講是用身體語言告訴須菩提，「應如是住，如是降伏其心」。禪宗經常講，在日常生活裡降伏其心，打坐是降伏其心，但不是不打坐就起妄想。

善巧的機會教育

第五，善巧方便，循循善誘。佛經裡特別強調這一點，佛陀針對弟子及問題各種不同的情況，作不同的教學表達方式。一種是開門見山式的，直接針對問題。另一種是歸納法，因為學生問了很多，什麼問題都有，有比較複雜的，於是就簡化以歸納法，把學生的問題找出重點，回應學生。第三種是用反問的方法。古希臘蘇格拉底就特別喜歡反問的方法，一再反問對方，問到最後使問題回到原點，最後解決。第四種就是默而不答。對於你問的問題，佛默然不語。

曾有一大師去見達賴喇嘛，問了一些問題，據說達賴喇嘛默而不答。佛經上有很多這樣的例子，默而不答也是讓你自己去找答案。有一個故事，一位宗教改革家他的批評者找上門來斥罵，罵時罵完，他都是沉默。那批評者奇怪他怎麼像木頭一樣沒有反應，他這才反問批評者，你送禮給人家，人家不接受，你怎麼辦？批評者說人家不接受當然是收回來。這就是默的作用，默的作用還有很多。

第六，機會教育。耶穌有十二門徒，但是他眾多的徒弟裡也有相當無知的，等耶穌歸天了，他們才進一步認識到耶穌。其中猶大也是不瞭解耶穌的，這是宗教改革家很痛苦的一點。猶大是有錢人，不是為了貪錢而出賣耶穌的。他是猶太教裡的青年才俊，耶穌傳的道在當時是革命性的說法，他的說法與舊約聖經有許多不同。舊約的上帝對於不聽從神的旨意的人，是嚴厲懲罰，甚至於毀滅的，如毀滅罪惡的索多瑪與蛾摩拉兩座城。

然而耶穌講「神愛世人」，耶穌講的上帝相對於舊約可以說是新的上帝。而猶太教是信奉舊約的古老宗教，所以猶太教徒很驚慌，但也有許多舊約信徒聽了耶穌的佈道覺得很有道理，被感化了。

新約記載耶穌很有神通，用幾塊餅乾就讓大家吃飽，能變水為酒，施行奇蹟。猶大好信神通，所以才跟隨耶穌。據說猶大是猶太復國主義者，希望耶穌顯現大神通，把羅馬帝國趕走，讓猶太人重新建國，他出賣耶穌，是要看耶穌會不會顯現大神通。結果耶穌在十字架上流血了，猶大失所望後上吊自殺，那時猶大才有點瞭解耶穌。

瞭解一個人尚且不容易，何況瞭解神。耶穌傳道也只有三年多，不像釋迦牟尼佛傳法那麼多年。佛講那麼多法做什麼呢？旁邊的學生來來往往總有不懂的人啊！佛說法是要讓他們及後來的人把心理上的垃圾掃掉，清除顛倒妄想。這往往也要靠隨機教育，比如釋迦牟尼佛曾經和學生上街，經過賣魚的攤販，地上有許多綁魚的繩子，他把繩子撿起來，問學生什麼味道？學生回答說是熏臭的味道；再經過一個賣香的地方，包香的紙掉下來，佛陀把紙撿起來，給學生聞，聞了很香。佛陀藉這機會告訴學生要接近善知識，不要接近惡知識。什麼叫善知識呢？什麼叫惡知識呢？在不同的佛經不同的情況下，有很多不同的定義，這裡就不一一介紹了，這要用自己的智慧去判斷了。

我們應該親近怎樣的人？

在生活中，什麼是我們應該親近的對象？誰是你要請教的老師？這要很鄭重去選擇，不要被壞的感染。《孔子家語．六本》說「故曰：與善人居，如入芝蘭之室，久而不聞其香，即與之化矣；與不善人居，如入鮑魚之肆，久而不聞其臭，亦與之化矣」、「是以君子必慎其所處者焉」。我想起一個大學同學，他結婚前在一次同學會上，帶他的女朋友來，結果那一天大家都喝醉了，最後酒後吐真言。只有我沒醉，所以我知道當時情景，幾乎每個人都在胡說八道。我的那位同學也醉了，那時他的女朋友一直在做什麼呢？在侍候他。後來他們結婚了。那女生在花蓮教書，當時我問她參加男友的同學會幹什麼？她說在瞭解和觀察這些同學的每個人的言語行為，我說你又不要嫁給我們，要觀察我們幹什麼呢？她回了我一句說，要看男朋友的朋友是些什麼樣的人，可以作為參考。這一對夫妻婚後相處很好。

第七，佛很會用比喻，很會說故事。佛經上講了很多故事，例如有一個天生的瞎子，人家告訴他天地間有什麼樣的顏色，他說不相信，他看不見，所以不見不信。後來有高明醫生把他醫好了，他才看見世間原來是這樣的多彩多姿。釋迦牟尼佛用這故事比喻人有貪、瞋、癡，所以人如瞎子一樣什麼也看不到，因為你沒有打開你的心胸，如果你打開了就會看見，就會明白，但是你不曉得怎麼打開心胸啊！所以佛陀要告訴你並且幫助你打開。

善喻人生與修行事理的佛陀

佛陀喜歡用類比來描述修行的狀況。佛陀說：我好像是一個農夫，眾生（包括六道）的心地就好像是我的田地，是我努力工作和服務的對象，信心是我的種子，沒有正信就不能發芽，因為堅信了才能發生力量。我們好的行為就像露水一樣滋潤，智慧就像陽光，淨心是我的犁，精進是我的牛，我們要堅持不懈。真理就像犁柄，犁田要靠犁的手柄把握路徑的方向。眾生的心地如田地，因為煩惱才會荒蕪及雜草叢生，要把雜草清理掉，不生不滅才是我們的果實。佛陀作為「農夫」要把佛法上的道理、修行的過程開示出來，在眾生的心地上耕耘教育。

又如佛陀遇到一個象師，印度用大象的地方很多，比如作為工作、運載的勞力和重要的交通工具等。佛陀問象師：你怎麼馴服象的呢？象師說很簡單，用鐵鉤鉤住大象的嘴巴控制住它的行動，如果不聽話就要打，打了如果還不聽，就要讓象餓肚子，這樣就能馴服象。佛陀告訴訓象的師傅，我的法門也只有三個，第一、以至誠懇切心對治口業，真誠厚道就會管好口，不亂說話；第二、以慈悲堅固心降伏剛硬不化的身業；第三、以智慧降伏我們的貪、瞋、癡。佛陀很善用機會教育，從生活現象上就可以當場講佛法道理。遇象師就點出看怎麼馴服大象，我們就應該怎樣駕馭我們的生命，包括我們的身體。以這三個法門就可以調伏自己，就能度脫一切，獲得真正的解脫自在。

還有與「象」有關的，大家都聽過「盲人摸象」的故事，這典故就出自佛經。幾個瞎子摸大象，摸到不同的部位，以為象是他們摸到的不同的形狀、不同的物體，互相爭議。我們把「盲人摸象」當作是只知部分不知整體全部，或者以偏概全不明真相造成的錯誤。這個成語，我們一般瞭解的僅此而已，我們大部分就這樣用這成語。事實上只這樣理解就有點浪費了佛法，這個普通的故事有它生動的深刻性，其實佛陀講這個故事最重要所要比喻的佛法道理，是佛陀最後作出的結論。雖然盲人們所摸的不是全部整體，但整隻象也離不開這些瞎子所摸的部份。所以說離此而外，無有象也。離開他們所摸的東西，哪裡找象呢？象就是他們所摸的東西，雖然他們摸的只是感性的一部分現象。所以歸結出來：一切法，在色無色，皆佛性也。前面的「色」是所見顏色物相的色法，後面的「色」是人能觸感現象的「色受想行識」的色。「在色」這是說對於所見的各種現象不棄，「無色」就是不去執著，這些都是佛性。「盲人摸象」所要告訴我們的意義就是：我們所看到世間的森羅萬象，只要不去執著，這些本身就是佛法。

佛陀還講過一個開示我們人身非常難得的故事叫「盲龜值浮木」（《雜阿含經》卷十五）。盲龜是瞎了眼不見物，牠生活在海底每一百年才浮出海面一次。大海中有一根大浮木，上頭有一個孔洞，它浮在海上，隨風和海流四處漂。盲龜百年才出水一次，想要遇到浮木，已經是機會渺茫。如果百年一次浮出海面的盲龜，還要剛好由浮木的孔洞探頭而出，這更是非常難得的。這比喻人身非常難得。又如比喻說你要見到佛如空中遇到芥子，芥子是很小的種子，佛常用芥子來比喻修法，這是形容見佛修行多麼難得。眾生在六道輪迴中，能擁有人身已是千載難逢之因緣，如能得遇善知識與佛法，甚至於能見佛，這比盲龜每百年浮出恰好嵌入浮木孔中，或空中遇芥子更加珍稀難能可貴。

啟發眾生自覺的教育方式

第八，佛陀用詩歌、很精闢的語言，讓學生很深刻學習和記憶。如說貪欲是最劇烈的病，憎恨是最可怕的一種弱智，煩惱是最兇猛的一種火焰，無知是最漫長的黑暗，仁慈是我們最珍貴的寶藏，智慧是我們最高貴的靈寶，不生不滅是我們最安全的處所等等，這樣的珍語很多很多。

第九，佛陀經常幫助學生。有時學生問的問題不很清楚，佛陀就幫學生澄清問題，找出問題的所在，進而鼓勵他們自己解決問題。佛陀特別強調學生要學會自行解決問題的能力，俗語講「自作自受」，這常被看作是罵人的話，其實這話本來是中性的，這是說自己決定，自我選擇，做了什麼，自己承擔責任。依據自由意志，做好人、做壞人，做好事、做壞事，責任和後果是自負的。修行和學習都要由自己來解決問題的。

第十，佛陀講苦、集、滅、道，教大家瞭解苦的來源，開示八正道，從而讓人自己解決苦因以及個人的問題。並且提供良好的學習環境，建立僧團制度，形成志同道合的共同生活的團體，依各種具體情況及變化，建立行為規範，促進團體和諧，以利於身心，最終使人好好修行。

第十一，佛陀重視個別差異，針對不同的人說不同的話，依據各人的根器作適當的教育。佛陀的教育也是一種平等的教育，類似孔子的「有教無類」。當時印度社會和教育都是不平等的，階級劃份非常嚴格，甚至於不同階級的人都不能在一起吃飯，否則就犯了禁忌要倒楣的，而釋迦牟尼佛就打破了這種階級之間的不平等。

佛陀的平等教育是原則性的，但也不是齊腳式的平等，平等還要看個別差異，要看具體情況。佛陀曾舉過一個例子：一家有七個兒子，只有一個兒子比較不長進，需要多關心。那麼他對於眾生也一樣的，並不是不平等，而是要對一些人多關心一點。佛陀對於眾生講經說法很注重方便善巧，什麼樣的情況下，對於什麼根器的人應該講什麼，最後達到一個共同的結論。

如何才是個好老師

最後第十二點，佛陀本身是一個很好的老師，但是他不教書，他以身作則，作為典範。他說自己不殺生，才能不讓人殺生；自行正見，才能教人行正見。佛陀講的每一句話，都是源自於他確確實實地實踐修證，自己完全能做到的，然後才來教導學生。

還有老師和學生的關係，老師與學生經裡稱師與弟子，第一當令即知，也就是很快讓學生知道，用最有效率的方法讓學生知道，這你要教得非常好才能做到。第二，當令勝他人弟子，你教的學生不要比別人差。人家既然拜你做老師，你就要盡心，教得出色，不然人家會覺得被你這老師耽誤了。第三，要知而不忘，要教導學生知道後就不要忘記。第四學生有任何疑問，你都要幫他解說，這是做老師的責任。這要耐心，看學生是什麼根器，再想怎麼教導得讓他明白。第五，要弟子勝於師，這了不起，作為老師要讓學生比你出色，比你有出息，比你傑出，這也是做老師的一個責任。

佛說《善生子經》裡提到能令學、能教、學使敏、導善道、令屬賢友的師對弟子五事。第一能令學，引發且鼓勵學生學習的動機。第二能教。你要讓學生也能夠教導別人，擴大影響，擴大效果。一個學生能夠教其他數人乃至更多，所以是要傳授教學的方法。第三學使敏。使敏就是使學生各方面都要敏捷，不要越學越笨，無論生理還是心理上要使學生通達，靈敏。第四導善道。就是引導弟子向好的方面去，有品德品行教育。

就這方面我和我大哥談起來，他就很感嘆，他受的是日據時代的教育，並不是說日本的教育有多好。我大哥讀小學畢業，他說日本老師非常重視品行教育，很講禮貌規距。我大哥已經當祖父了，但是他看他的兒子和孫子就覺得不夠好，這是出於教育背景的比較。今天的教育很缺乏導善道。第五令屬賢友。老師還要幫學生選擇好的師長朋友，老師不是萬能的，你教一個學生，要針對他的個別差異，希望教育全面，你有不會的或不擅長的，要幫學生找更好的老師教他，找更好的朋友幫助他，要他接近好的朋友，不要接近壞的朋友。

我們要如何當一個學生

另外《長阿含經》裡談到作為老師要五法調益，這用現代的話來講第一種是心理輔導。第二，學生沒有聽的、不知道的，老師要告訴他。第三，要幫助學生啟發自性、本性裡好的一面，就其所學來促進和鼓舞他。第四，要告訴學生哪些人是可以交往的朋友，因為學生不知道，老師要告訴他親近那樣的善知識。第五，要傾囊相授。中國人往往有個保留一手的壞習慣，也是為了怕人家忘恩負義。老師留一手，以防學生無義看老師老了就把你打倒。有名言說「吾愛吾師，吾更愛真理」，但背後捅老師這不是愛真理，是愛權力利益。佛陀教的是要傾囊相授的，去除貪、瞋、癡的。相對的，我們學生也要對老師盡一些責任，要對老師多服務。不光是課堂上為老師送一杯開水，下課了也要服侍老師、尊敬老師。密宗特別強調老師是你的上師，要觀想老師頭頂上有頂戴，多予禮敬，把老師當佛一樣來看待，這是為了學生自己培養學法的德性。

釋迦牟尼佛也曾經講過，作為老師是很不容易的，你做學生的不要老挑老師的不是。

不僅對待老師，對待社會上有道德的人，也要視之如佛，不要去毀謗，要有寬厚的心胸。做人是很難的，要瞭解一個人也很難。老師的一些言行，也許錯了，也許你不瞭解，即使你瞭解了，老師也錯了，我們也應該包容。世界上哪裡找得到絕對完美的人呢？

我們跟老師學習，要學老師的優點，好的就學，不好的就不學，但是不要毀謗，這是要特別要重視的原則。老師的教誨學生要恭順而為，好的對的要遵照了做，不要陽奉陰違。聽到的法要從此不忘，這是對於老師辛苦傳授的尊敬。學生學得好才會給老師帶來喜悅，所以不能懈怠。對於老師要感恩，要讚揚師恩，不要背後講老師的壞話。最後一點，學生要無垢行，不要做錯，否則會讓老師難過。學生的言行表現很好，老師會覺得自己盡到了責任。

慈愛教育中對不如法者的方便對治

以上講佛陀的教學方法和師生關係，再補充一點——釋迦牟尼佛沒罵過學生。釋迦牟尼佛講慈悲，慈悲會使人與人的任何關係包括師生關係很親密。但是佛教的教育裡認為學生不好，是可以罵的，可以棒喝一下。有五種情況可以罵學生，第一是不信真理，包括搞迷信等也屬於不信真理。第二是懈怠懶惰，不精進乃朽木不可雕也。第三惡口，就是講髒話傷人。第四無羞恥。羞恥感都沒有，應該被罵，不罵反而是老師的失職。第五近惡知識，聞道迷茫，親近所謂有學問但品格和理念有問題者，這應該被斥責，使他懸崖勒馬，拉他回來。其實這「罵」也不是罵，看是一種處分，卻是一種導正。

那麼就對於學生的處分而言有五種，第一是不與他講話，讓他在被冷落中冷靜下來，以此作為懲罰。當時不像現在學校裡上課下課，然後放學師生就拜拜了。原始的佛教團體是一起修行，一起生活的，所以這種懲罰是很嚴重的。第二是不教授，不讓他在教堂裡聽課。既然你這麼懶惰，有這麼多缺點，不先改過來不行。第三不予受用，用現在的話講就是不跟你玩。老師不是整天傳道說法，也有傳道之外的活動，這便不讓不受教者參加。這也是一個處罰。第四不許以善事。善事指好的事情，指不給他好話或讚美的話。佛經裡佛陀對於弟子表現得好會給予鼓勵和讚賞，如對好學生說：你好好修將來會成佛；但學生不好，就不給鼓舞的話，不長其慢。第五不同室。師生不同在一個房間，讓他自省。但總的來講，佛陀還是更加重視師生的親密的關係，他根本上主張慈愛而教的。

師徒相待之道

《阿難問事佛吉凶經》提到事佛的道理，其中有一段話是「師弟子義，義感自然」。「義」指傳道，這是說老師和弟子的關係是傳道的關係，是很通敞光明的關係。「當相訊厚」，這是說老師和弟子要很深厚互相信任，以寬厚的心對待，緣份不淺才有師生之緣。「視彼如己」，彼此把對方看成自己，老師和學生是一體的。「己所不行，勿施於人」，如果自己做不到，就不要要求學生了。佛陀的要求很嚴格確實，言行合一，自己做到了才來要求學生，才可以責備學生為什麼做不到？「弘崇禮律」，「訓之以道，和順忠節，不相怨訟」，老師和學生有深厚信任的關係，但是也不能沒有章法，所以還是要有應有的禮節，應有的行為規範，這些都要做到。「不相怨訟」，不要對老師說不好的話。

在臺灣有許多學佛的人說這個老師好，那個老師不好。不管你跟過誰，不要亂比較，尤其不能談到自己老師的不好。即使老師的學問有限，你跟老師學光了，你再去跟一位道行更深、學問更高的老師，你對原來的老師還是要很尊敬，還是要感恩。不要想說我當初不應跟學問淺的老師，應該跟更好的老師之類的。老師無論學問高低，總是幫了你進步，所以對老師要心存謝意，絕對不要口出怨言。「弟子與師，二義真誠」、「師當如師，弟子當如弟子」。這講得很好，老師要像老師的樣子，學生要像學生的樣子，要善盡各自的角色，真誠擔當，這些道理也符合現代人教育的理想。

最後，鼓勵大家多作宗教研究，年輕人可在這方面多注意。如果你忙了不得了，你的時間很有限，那就不必了，配合你的時間和精力，你去做你要做的事就夠了。假如你還有時間和精力，不妨作點學術研究，比如比較宗教的研究，那是很有意義的事。

問答

問：做比較宗教的研究是很不容易的，恐怕人要很聰明才行吧？

答：聰明不聰明是很難講的，如果真聰明絕頂透了，只靠自力領悟，可能不會走岔路。一般而言，還是要多涉獵，參考別人的研究，假如你不是很缺少判斷力的，就不怕迷途。所以要的是看你的理解力和判斷力。

比較宗教是非常大的一門學問，我本來很有興趣，但是涉獵有限。我信佛教，但是我對其他宗教蠻能接受並作為研究，因有興趣而讀過基督教、回教、日本神教、原始宗教、道教一些相關學術資料等。佛教有完整的思想文化哲學的系統，講個人承擔，沒有迷信。

可以說，佛教基本上講自力的，當然後來有的宗派也講他力，但是從總的來說，從佛教原始出發點來講，還是強調自力救濟，自己救自己，不依靠別人，不依靠鬼神，甚至於不依靠佛陀，而是從佛陀啟發智慧，吸收佛陀開示的修道方法。

學佛要自己信解佛法，自己懂佛法的修行，自己去上進，這是我覺得佛教最可貴的地方。其他宗教大都求神慈悲救我，讓我上天堂，不要下地獄，有一種求救的心理。不過，在宗教理論和實踐上，其他宗教上也有品德品行非常崇高的，我就非常敬佩很多修女和神父，作為佛教徒，我也慚愧自己做不到。如有外國人到臺灣高山上的麻瘋病院服務，這等於是他們的「佛事」，就是把眾生當「佛」來看，視眾生如「佛」，那些修女神父了不起。

幾乎世界上有名的比較宗教的學者都一致肯定佛教是最理性，甚至於有的學者認為佛教是哲學理念，是生活哲學，不是宗教。但是歷史上佛教不能在印度存下來的原因，主要是因為佛教的出現是一個非常重大的宗教革命，把婆羅門教的基本利益都否定了。婆羅門教的歷史很久，我們可以最早追溯到西元年前四、五千年的時候，這相當於古埃及建金字塔前。佛陀建立佛教在西元前四、五百年，相比起來，四、五千年的婆羅門教有佛教不能比的歷史背景、地位和力量，所以婆羅門教就反撲了。

前面我也說了佛陀也吸收了婆羅門教的一些生活習慣的觀念，但是最重要的是不承認婆羅門教最高神——梵天主宰命運的權力，對於生命，佛教講自己承擔。這不得了！婆羅門種性是印度四大階級裡最崇高的，相當於歐洲中世紀教會神職人員，最有權勢者像教皇的地位。中世紀的歐洲國王離婚還要教皇同意，國王和貴族都要尊重教皇，如果遇上教皇可能不認可的事，都會戰戰兢兢，怕得不到教皇庇佑會下地獄。

歐洲中世紀的教皇用教權控制政權，用宗教的神權和天堂地獄的觀念控制歐洲國王和貴族的思想，使宗教凌駕於政治之上，婆羅門在印度的地位就是類似這樣的。第二階級剎帝利是貴族，才是統治階級，而統治階級要崇拜和孝敬婆羅門階級。佛陀建立佛教否定了婆羅門教至高無上的神權，但是婆羅門教現實上的權力地位最高，政治力量最大，所以就反撲過來。

在思想教義上，婆羅門教的反撲也是借用很多佛教的好東西，所以才有力量來反撲。佛教在印度全面興盛起來，婆羅門教便吸收佛教的一些精華而形成新的宗教叫「印度教」，後來接收了一部分原來佛教的地盤。

佛教興起後很快傳到了東南亞，後來婆羅門教復興變成印度教的面貌，也向外傳播。

以印度尼西亞為例曾流行過佛教，但是後來消失了，也流行過婆羅門教、印度教，一樣都消失了。如果你到印尼巴里島觀光，可以看到有一千年的印度教的神廟，但是找不到佛教的，不過在瓜哇島是有一個隱覆在森林裡一千多年的佛教古蹟。但現在印尼當地人主要已經信回教了。所以宗教不僅是個人內心信仰的問題，還跟政治、社會等各個層面都牽涉到，這些外在的因素也影響到宗教的興衰。

問：存在主義是不是受了佛教的影響呢？

答：不是！存在主義產生於第二次世界大戰之後，在戰爭期間，無論是富貴的人還是貧賤的人，一關在集中營裡沒啥差別，所有人的名字都一樣被囚徒號碼代替，所有的身份、地位、名望都不重要的。這些身份、地位、名望都是什麼東西呢？都是在某一時空與境遇結合起來的東西，與人內心本性不相關了。在集中營裡每一個人都在等死，從這種狀況下人們產生內心反省，產生出對於生命的一種關照而興起了存在主義。有人把存在主義與莊子作比較，實際上這兩者是不相關的。倒是存在主義與佛教有些地方相像，但是實質不同。存在主義沒有受過佛教的影響，反而耶穌教與存在主義有關係。還有人把禪宗公案與《新約聖經》作比較研究，發現有許多地方可以相通，與《舊約》就不相通了，兩者是完全不同的信仰。

從耶穌的生平來看，耶穌降生了，希律王要殺他，耶穌一家遠避他鄉，直到長大成人後才回到耶路撒冷。耶穌從出生到三十歲左右出來傳道的這近三十年到哪裡過呢？福音書提及的很少，史書也不見記載。老古出版社出過關於耶穌這方面研究報告的書，外國出的這方面的書很多。有人認為耶穌很可能去過印度留學，今天的印度、波斯、中東、埃及，從埃及再到希臘，這在古代是文化交流相當頻繁的地區，不像我們現在有相當縝密的海關設施，國界管制很嚴格。有人考證耶穌到過印度，在喀什米爾拉達克邦的寺院裡還有經書記載耶穌的事跡。

總之《新約聖經》裡耶穌講的一些話很像佛陀講的，《新約聖經》裡那豐富生動的比喻很像佛陀的話語。你看耶穌穿的白色道袍，瑜伽修行者也穿白色道袍，從思想語言行為都顯示了耶穌可能到過印度，接觸了佛教思想，這是一個很有趣的比較宗教的題目。

參

挫折與壓力調適

一、漫談挫折與焦慮

挫折感的來源

現代人由於需求增多，在追尋滿足需求的目標時，往往受到干擾、阻礙，或者由於缺乏適當明確的目標，而產生各種不同程度的挫折感。其來源可能來自外界環境（含物理環境與社會環境）的障礙，也可能來自本身的因素，例如身體的缺陷、疾病、智力不高、能力不夠、訓練不足，或錯誤的價值觀念等等。

在我們邁進已開發國家的今天，民生富裕，教育普及，醫藥相當發達，但我們還是有不少挫折感。造成的因素很多，這裡僅列出幾項一般心理學家所經常討論的原因：

一、延遲：例如有找不到事的，有不滿意工作的，有感到前途茫茫的，在現況與自己所要達到的目標之間，往往存有極大的差距，不知要延遲到何年何月才能實現。而廣告的盛行，便往往挑起人們潛在的無窮慾望，這對那些沒有能力做到的人，更形成極大的無奈與壓力。

二、資源的缺乏：國內一般來說，維持生活的必須品並不成為問題，但由於奢侈風氣的影響，中下階層的人慾望隨著往上比，也就容易產生匱乏的錯覺與不滿。其實若能「知足」，確可「常樂」。今天真正的主要問題，恐怕是由於房地產的價格狂飆，很多人將因買不起房子而受苦。除外，有些是屬於個人因素的，例如身體殘障、考不上學校、留級、或被退學等等。

三、損失：這包括很廣，諸如失去錢財、情誼、地位、健康、伴侶等等。這些損失格外引起的挫折感，在於難以自己控制或掌握，對這些人世的無常，往往無可奈何，而歸之於命運。

四、失敗：在競爭日益劇烈的工商社會裡，不如意事，十之八九。一個人的出人頭地，意味著背後有一群自感失敗的人。失敗的一種特殊型態是罪咎感，它更危及到自我尊重與價值的需求。

五、無意義感：社會的急劇變遷，以及傳統文化與外來文化中的相互衝擊，往往使得年輕人難於認同文化中的目標與價值，而感到空虛或疏離。當然，也有不少老人因無法實現平生願望而陷於絕望。

除上述因素外，還有自卑感、學非所用、不幸婚姻等等因素，都會引起挫折感。這些錯綜複雜的糾結都不易解決，而有待具體問題的分析與處理。

向善？向惡？

人性本善或本惡？抑或無所謂善惡？兩千多年來中外哲學家爭論不休，實在也不容易理個究竟。記得多年前某大專的謝師宴上，學生忽然要我起來講幾句話，不知怎的，心有所感地說道：在學校老師總是本著人性善良的一面來鼓舞大家向上，但出去社會後必然早晚會面臨人性醜惡的一面，但不管我們遭受怎樣的打擊，決不可喪失對人性的信心，因為這是人類前途的唯一希望。看到身旁的一位女老師微笑著點頭拍掌。事後才知道她就是三毛，她原就是那樣始終對人類充滿愛心。

反觀在西方文化傳統裡，屬於主流的基督教原罪觀念，基本上認為人無法抵制邪惡的誘惑，若無主的指引，就無法過著善良的生活。而影響近代思潮甚巨的達爾文，雖然他本人相信人類在心地上是真誠的，但他的物競天擇的進化理論，卻又強化了人性本質上自私、侵略與殘酷的信念。發掘人類潛意識世界的佛洛伊德，更宣稱人性中潛在的強力攻擊性，甚至對週遭的人可能加以掠奪、羞辱甚至殺害。而湯恩比（Arnold Joseph Toynbee）更在歷史的觀照中，悲觀地指出：文明只是人性中暴力與殘忍的粉飾。

但人性真是那樣陰暗惡劣？瑪格利特・米德（Margaret Mead）至少在新幾內亞的一些原住民中發現人性是那樣愛好和平、溫雅合羣。馬斯洛也發現北美黑足族印第安人和睦相處，他們認為侵略是項錯誤、可憐與瘋狂的行為。溫澈斯特也發現冰島極少有暴力行為，五十年之間只發生三件殺人案。而哥頓・阿爾波（Gordon Allport）特雖然不否認人類之間的敵意與戰爭，但人類畢竟渴望親情與和平。而令人值得進一步深思的是，即使發動戰爭，也必假借公義或正義之名，在歷史上以邪惡為號名的領導者，必因得不到人民的支持而失敗。

目前心理學家都有個共識：人類是頗堪教化的，他們向善或向惡的發展，很可以由文化條件來影響或控制。日前有位董事長跟我聊到三十幾年前，她被惡性倒債了幾十萬元儲蓄，銀行存款簿上只剩一千餘元，連要給剛生下的嬰兒買奶粉都難以為繼。她今天做事雖因此而防範壞人，但卻特別注重保障好人。我想，也只有懲罰壞人，鼓勵好人的社會文化環境，我們的國家才有光明的遠景。

價值觀念的衝突

前面談到我們面對必須取捨的情境時，所產生的三種心理衝突的型態。至於這些衝突的來源，絕大部份是來自價值觀念的衝突。尤其在今日急遽社會變遷下，傳統的價值觀念與規範更因外來文化的挑戰而搖搖欲墜，雖然有不少學者早在從事整合的工作，但迄今仍未有普遍接受的定論。由此價值觀念的混淆，而帶來諸多心理的矛盾與衝突。該安貧樂道或功利為上？淡泊明志或力求出頭？不求人知或打知名度？諸如此類，不勝枚舉。這裡僅提出幾種重要的抉擇方向，供我們沉思：

一、自我導向或外在導向：現代人就像《孤獨的羣眾》一書所描寫的，往往隨著風向飄盪而迷失了自我。尤其不易找到一套價值系統或行為模式，而能同時滿足自尊的需求與社會的贊同。往往因自我的缺少安全感，而投身於某種型態的權威罩護下，或宗教、政治等各種團體裡面。三十幾年前蓋亞那「人民大教堂」的集體死亡，就是最極端的大悲劇。

二、關切或淡漠：人既是社會的動物，但卻又是座孤島。固然人貴自立，但過份的強調個人，又造成現代人常有的疏離感與生命的無意義感。對於他人與社會，我們應如何採取適當的尺度，而從中發展出健全的自助助人關係？這就需要智慧與人生的歷練了。

三、逃避或面對現實：世間有很多的事情真相，由於不合我們自以為是的信念或許會引起不快，而不願去面對。尤其當我們失敗時，更容易找藉口來怨天尤人，而不敢去找出真相，進而改善自己及所處的情境。

四、人格尊嚴或自私自利：是否怕對自己不利而不願仗義直言？是否為名利權力而不惜違背自己的道德原則？這對缺少良心或道德感的人，幾乎不構成衝突的壓力，如宋朝賣國的奸臣賈似道；另外像被圍困五年而得不到朝廷支援的呂文煥，最後終於投降，其內心必然經過痛苦的掙扎，再說到文天祥的不為威脅利誘所屈，則誠是天地一完人了。

其他還有很多面臨價值觀念而產生的內心衝突，例如離婚率日高的今天，就常會有人為「是否該為孩子而維持貌合神離的婚姻」而苦惱。價值觀念因人而異，反過來說，往往什麼樣的價值觀念，將塑造我們成為什麼樣的人。

挫折後的反應

現代人所遭受的挫折感來源既繁多而複雜，挫折感的程度也有深淺之別。因此，遭

受挫折後的反應就有多種型態，根據西爾格德等心理學家的研究，可分下列六種：

一、緊張：煩躁而坐立不安，或（與）臉紅脖子粗、發抖、緊握拳頭。小孩常有吮大拇指或咬指甲的動作，而成人通常也會咬指甲，或抽煙、嚼口香糖或檳榔等，以發洩其不安及緊張的情緒。

二、攻擊：上項緊張愈趨增強，就有可能導致破壞及敵對的攻擊。攻擊有兩種型態：第一種是直接攻擊，即人身攻擊或語文攻擊，後者只是利用輕視鄙夷的語調回答對方。另一相反形式的攻擊，是攻擊自己，例如自我折磨、傷害、甚至自殺。第二種是替代性的攻擊，這是由於不敢或沒有辦法攻擊挫折的來源，而只好發洩到不相干的人或物上面。例如受上司氣的人，就有可能摔東西，或把氣發洩到妻子兒女身上。

三、冷漠：當人發現攻擊仍無法滿足需求時，即可能採用冷漠或退縮的方式。韓戰結束後，從戰俘營釋放出來的美軍，都發展出一種孤立及十分漠然的態度，甚至全部缺乏情緒反應。這有賴於朋友的努力與支持，以脫離這種冷漠無助的狀態。

四、幻想：面對無法解決的問題，可能就逃到夢幻的世界裡，變相的滿足自己。這不限於兒童，也常見之於成人，例如美軍營房中的招貼女郎照片，曹操也曾活用了「望梅止渴」的招式。程度嚴重的話，會使人喪失了區分幻想與現實世界的能力。

五、刻板化：即一再受到挫折時，個人會迷惑起來，喪失彈性處理問題的能力，而再三地表現出重複、固定行為的傾向，甚至有產生如小孩子吸吮大拇指、或口吃等固定行為。

六、退化：即重新表現出幼年的行為，如嚎啕大哭、要求雙親愛撫等行為，而無法面對問題去尋求解決途徑。

縱觀今日社會，因賭博或吸毒而產生的各種攻擊行為，如綁票、搶劫、殺人或自殺，光只經常見之於報端的，即已令心怵目驚心，其他未見報的各種賭輸或吸毒後的受挫反應，對整個社會人心的腐蝕更難以估計，而有待政府及全民的共同努力。

焦慮是怎麼回事？

現代人常感到焦慮，而不一定清楚地知道焦慮是什麼，而這正是焦慮的特性，通常它含有煩惱、疑慮、恐怖、害怕等字眼的性質。諸如身體損傷的威脅、對自尊的威脅，以及工作任務超出個人的壓力，都會使人產生焦慮。前幾篇所談的各種挫折感與內心衝突，就是焦慮的主要來源。

佛洛伊德早就注意到焦慮的重要性，他把焦慮分為三種：一、客觀焦慮：指對環境覺察到危險，所做的實際反應。二、道德焦慮：指對違背超我或良心，所產生的罪咎感。三、精神官能焦慮：則指以個人內在潛意識衝突為基幹，而產生的各種身心反應。對於焦慮的理論，可以分為下列兩種：

一、焦慮是一種潛意識的衝突：佛洛伊德認為精神官能焦慮是原我的衝動（主要是性與攻擊），和原我、超我約束力間的潛意識衝突。由於原我的本能衝動，可能和個人的價值互相矛盾，或和社會規範產生衝突，而威脅到個人。例如，對父母深懷敵意的人，可能在意識上覺察不到（也就是說，深埋在潛意識裡），因為這和他必須愛父母的信念發生衝突。如果他知道這種實際感受時，就可能會由於其自我概念的破裂，或怕失掉父母與支持，而產生焦慮。同時，在他對父母感到憤怒時，其焦慮感就會提升，成為一種指示潛在危險的「信號」。

二、焦慮是學來的反應：和上述佛洛伊德的心理分析論相反的是，行為學派或學習論者並不注意內心的衝突，而認為透過學習，焦慮會和某些情境連結在一起，對碰到惡犬而跑開的孩子來說，他將很難發現，許多狗是友善的。由於碰到狗就跑開是一種增強（因為這能夠降低恐懼），因此，他會一直表現這種行為。這種逃避引發焦慮的情境，使他很難有機會重新評價威脅的性質，或學習因應這種情境的方法。因此，即使到成人後，極可能還會逃避這種情境。

總之，焦慮是種相當不舒服的情緒，會威脅到我們的身心及幸福。如果能真正靜下心來，覺察焦慮的來源，則較能採取有效的對策。

二、如何運用佛法消除壓力與焦慮

一九九二年十一月 講於十方禪林／台北

佛教產生的歷史背景及它所針對的社會情境

今天從佛法的角度來談談壓力，對於現代人所受的壓力，我首先要說的是，我不希望把佛法很概括性地當成萬能，以它能全部解決壓力問題來談它，而那也不是佛陀的本意吧！為什麼呢？歷史上的佛陀所處的社會與現代社會是很不一樣的，如果說有一點點一樣的話，就是釋迦牟尼佛當時是從部落時代過渡到有些許中產階級的興起。婆羅門主導印度的社會原來階級觀念和劃分非常嚴厲，極不平等，可以說當時文化相當保守。

釋迦牟尼佛誕生的時候，印度面臨東西方文化的交流，這東方和西方是依印度的觀點來看。當時印度與中東包括埃及、希臘等地有文化上的往來，這促使當時印度產生思想文化的變遷，社會上中產階級也慢慢興了起來，所以釋迦牟尼佛提倡了平等的學說，這是有其時代背景的。但這跟現代工商社會這麼發達比起來，畢竟差很遠。我們要是到佛經裡去找我們現代人這麼複雜的社會與個人的壓力問題，是找不到的。對於佛教很虔誠的人，信受佛法，知道佛法的好處，但對於處理自己壓力的問題，還是要配合放在現有的環境來看，包括各事由的差異。

在世界變動迅速下現代人繁雜的壓力來源

壓力的來源有很多種，簡單地說，第一個是面臨外界環境的調適問題。例如說剛從鄉下來到鬧區的人，往往連車子也不敢開，這是環境截然不同的改變，一下導致人對於外界環境沒辦法適應。

第二個是由於這種不能適應產生的種種與個人有關的現實問題，包括婚姻。現在社會的離婚率很高，延伸出來的問題較繁雜難解。還有社會活動頻繁下也帶來人們各種不同層面和形式的壓力，包括意外事故，如配偶車禍死亡，這會令另一方受很大的刺激，這種突發狀況襲來的壓力難題，現代人很多。古代生活相對平靜，沒有這麼多變遷帶來的異常壓力。

第三種是生理病痛的來源，生理病痛當然給人產生很大的壓力，如癌症、愛滋病等。

第四種主要是偏重在心理上的工作壓力，這也是現代與農業社會有很不一樣的地方。農業社會是比較靜態的，現代社會極為動態繁忙。例如在公司裡工作，有業績的競爭及求升遷或者不得志的壓力，並帶來人與人互相比較的社會壓力，所以現代人的挫折感也特別多，真正很得意或如意的是很少的。財大氣粗的人有財大氣粗的煩惱，有名位的人有社會帶給他的壓力。我想釋迦牟尼佛說法還是依於那時代的社會生活方式與情境，他若在現代說，那他講出來的，以他的智慧必會有更針對性、更細節，有助益於消解我們現代人類壓力的解方。

再就壓力來源而言，人最大的壓力其實是整個社會環境的壓力。前面講的是個人壓力，但是個人的壓力又與社會國家有關係。所以要全面解除壓力就不能僅限於處理個人問題，還要顧及社會和國家的環境、治安的情況，這些都會構成人們的壓力。比如你晚上不敢坐計程車、獨自走路，這些恐懼的壓力，不是你個人佛法修持就馬上就有效的，這牽涉到社會環境和社會生活品質的改善。再如交通的擁擠和混亂，這也是個人無能為力的。

解除壓力涉及兩面向

壓力的解除，最主要的有兩個方向，一個是個人怎樣減輕壓力，然後是社會環境包括政治設施有沒有配合改善。這個社會形成的壓力有沒有改善，不是個人修養好就不受影響。佛法上講的大多是偏重個人的，任何宗教都是，比如對於生死問題的探討，但對於整個社會環境相關的都講得比較少。一般來說，政府或者是民間社會的問題，政治、經濟、教育上的，對於這些大環境的改善，宗教是比較插不上手的。

這情況在西方，從耶穌的時候就開始了，所謂「上帝的歸上帝，凱撒的歸凱撒」。宗教是講究精神的，但後來也有想以宗教信仰的目標落實在地球上的一些想法、作法，或宗教人士對社會活動較能積極地參與。但佛教從歷史經驗看，不大參與政治，除極少數外，大多數政教分開。不管佛教還是道教，宗教是補足政治的教化，安撫民心，給人民信仰，給政治穩定，但反過來講也可以說是政治利用宗教。

傳統到現代佛教角色的轉變

所以歷代皇帝不管信不信，一定要拉攏宗教。比如唐朝以道教為國教，因為老子姓李，與李唐皇族是一個姓，被追認為先祖。但是唐朝也不排斥佛教，如唐太宗也建寺廟、派高僧去印度取經、支持翻譯佛經，很重視佛教的傳播，因為佛教是促進社會的穩定和教化的。中國的政治大多是這樣的，尤其以清朝最明顯。清朝皇室從山海關進來之後，用宗教力量安撫懷柔蒙古、西藏、新疆，比如給西藏活佛喇嘛很尊貴的封號，這樣他們就歸順了，就不要打仗了。清朝在熱河那裡建了非常大的喇嘛廟，請喇嘛活佛來舉辦佛事或修行休憩，給他們很好的行住優待，表示對他們宗教的尊重。

佛教傳到中國來，幾乎不參與政治，佛教史上只有極少數人物事件與政治和世局有關係。例如《高僧傳》裡有一些禪宗和密宗的祖師爺，皇帝在乾旱或者水災時請他們出來祈禱作法。皇帝既然請你出來，你就要拿出法力，作法要靈驗，而從文獻記載看也都很靈驗。從禪宗史來講，有接受皇帝徵召和供養的，如神秀就接受皇帝的供養；但是也有不接受皇帝徵召的，如六祖，武則天請他，他就堅持不去，這類事例在《高僧傳》上有很多。

史上有許多高僧不願與政治扯上關係，寧可在廟裡講經說法。明朝憨山祖師，皇后不能生兒子，他幫她祈求，因為皇后生兒子牽扯到皇位繼承人的問題，算是與政治扯上了關係。所以後來憨山祖師因此被貶放到廣東去，這些是極少數例子。佛教從漢朝時傳到中國以來二千多年大致如此，其中與政治最有關係的是元朝，喇嘛教在朝廷裡比較有權力，這是由於蒙古人流行信奉喇嘛教，西藏又是政教合一，喇嘛教政治地位很高，所以從成吉思汗到忽必烈都請了喇嘛來當國師。不僅如此，元朝甚至以政治力量把喇嘛教推行到全中國，以法令規定每個地區都要供養喇嘛。在元朝八、九十年的統治期間，政治和宗教比較有密切的關係。但以中國歷史的視角來看，對於元朝的評價很低，對於喇嘛教評價也不好。

臺灣這些年的佛教界有很大的改變，就是走入了社會。傳統佛教被稱為「山林佛教」，在風景優美的地方，一些名勝古蹟可以看到很多莊嚴的佛教寺廟，而且風水都很好。原來的佛教嚴格來講，不講風水。不過傳到中國，中國人講究風水，所以很多寺廟也都配合風水觀念而建，如虛雲老和尚整修多個寺廟鑾參考風水的看法，這在虛雲老和尚的年譜裡有寫到。

各位現在跑道場，許多是在都市紅塵裡設立的，這是佛教很重大的一個改變。以前信徒朝山，現在是佛教走下來進入社會與大眾結緣，參與社會的程度也高了。現在佛教雜誌可以看得出一些文章對社會和政治頗為關心，更有對現實面作批評，甚至有佛教團體走上了街頭。這些無非是對社會環境壓力的一種反應、抒發與處理。

現在佛教對世局引起的壓力常有反應，試圖去轉化，對於社會層面、政治層面，傳統佛教則很少涉入。我們去看歷代祖師很少談到這方面，這跟古代政治比較專制有關係，所以宗教人士不太談政治，不太談社會改善。我們看傳統佛教對於社會的行為主要是救濟性質的，比如歷史上常有饑荒、戰亂，寺廟就會提供糧食來救濟沒飯吃、沒衣穿的難民，這在傳統佛教裡很多，但是就災難事發引起心理壓力的輔導療癒大致上較少觸及，但這也是時代使然。那時信徒一般多在求解脫生死或積極修福報的問題上，僧人的度化工作是在這層面上的，並沒有就一般老百姓很現實的生活問題作專門的研究及其實用上的發揮。這是我瞭解欠缺的地方，但它在談超脫生死這方面的內容及成果很可觀，以上是給大家瞭解一下中國佛教的專長。

期待佛法結合心理學建構出可實踐的心理治療理論

談心理輔導和治療，至少這二十年來，基督教比較注重這方面，基督教心理輔導方法的書二十年前就有出版。基督教用基督教的原理，從事心理輔導和治療，在臺灣差不多十幾年前在行政院對面，就有天主教教會辦的心理輔導中心，收費很便宜，現在可能調整了。在臺灣做心理輔導和治療，天主教教會是比較早推行這樣的工作。佛教這方面則很晚才起步。

至今，臺灣還沒有一本佛教的心理輔導或者治療方法的書（按：指作者演講的時代現況）。天主教和基督教都有這類著作，外國人撰寫後翻譯成中文的，在臺灣早就有了。說這些是要給各位一個印象，在臺灣佛教對現代人面對壓力方面的問題才剛開始去探討，一下很難形成很具體的原理和方法論，需要一點時間還有各位的努力。然而不管如何，學佛和修持，凡是接觸到佛教的人都知道佛教對於人的心靈很有幫助。

任何人學佛，不管能不能成佛，能不能解脫，佛教都能幫人有效減少煩惱、減少壓力，增加穩定感，這是大家都可以承認的一點。至於為什麼臺灣這方面學術的欠缺，我自己還沒有研究出個所以然，所以很希望有人研究，從佛法建立這方面的方法論和原理。當然現在也有個別的人和個別團體在做心理輔導和治療的實踐，不是沒有成效，但尚未建立理論基礎和全面實踐的模式，並且能為各個團體接受、大家都承認的，這是目前沒有的。

臺灣佛教徒很多，各行各業都有，各方面人才都有。所以有一些團體對信徒做一些心理輔導的效果是好的，因為大家有共同的信仰，有共識，不同意見很容易消化掉。但是心理輔導和治療是開放給所有的人，不限於某個團體，這就不一樣了。要從佛教真正建立心理輔導和治療的理論，這就必然會成為心理輔導和治療的一個宗派。

目前世界上的心理輔導和治療的派別至少有三百多派，我曾經專門介紹了其中六十多種。以臺灣來講，將心理學和佛教結合起來，極有可能推出來一整套的理論和實踐，貢獻給世界，得到國際上的承認，這是完全可能的。在目前的三百多派裡，也有一些心理治療學派接受東方的思想，尤其是佛教，其中主要接受的是打坐。我的印象裡至少有十個西方的學派接受打坐的原理，並運用到他們的心理治療上。

西方對靜坐發展出生物回饋的科學方法

東京帝國大學最早對於打坐進行科學測驗，他們找不同背景程度的人，如不信佛教的人，或者剛接觸佛教的，或者佛法修行很好者，分成幾個組，用儀器測驗腦波，以腦波圖來判斷研究對象的定力。定力是佛教的講法，依腦科學來講就是測驗人情緒的起伏。定力高的腦波圖顯現的就比較有規則，代表了一種高質的生命旋律。定力差的，顛倒妄想情緒起伏就比較多，這可以用儀器測量出來。

日本人是第一個做這種打坐和腦波之間關係比對的研究，後來美國人在這基礎上，發展出一整套生物回饋的方法，即用日本人的儀器測量方法，讓受測者看儀器上腦波的顯示，可以看到受測者此時定或不定的情況。以前我們是不知道我們打坐到了什麼程度，除非說你遇上了明眼人或他有什麼神通的，一眼看出我們有顛倒妄想，一下子就棒喝。我們打坐時想什麼呢？這在外表上是不容易看出來。現在有儀器就方便了，你打坐時就可以瞄一眼儀器上顯現的自己的腦波圖，你知道之後就可以調整靜修和定力。

這裡講所謂回饋的意思就是顯現出你的狀況，讓你瞭解，藉之你就可以調整控制一下自己了。人不是石頭和樹木，是有意志力的，能控制自己，看到自己心這麼波動，就有意念要使自己定下來。一定下來了，你看儀器馬上就知道效果了，這就是回饋。所以一回饋馬上就可以知道該怎麼做了，這在西方是蠻有效的一種方法，這是一種針對性調整自己意識的方法。如果你的壓力很大、很痛苦，就會在儀器上顯現出很複雜的波動，你就要自己改變，靜定下來，且這在你要靜下來的進程裡，那一點成效你在儀器上一看到，你就會受到鼓勵，越受鼓勵越有信心，就越能靜定下來。有這儀器的好處就是：一有效果就可以馬上看得到的。如果沒有這個儀器，我們打坐半天，不知自己修定的程度，只能只求耕耘，不知收獲，只能盡心盡力修行，不知有無成就，傳統的修行方式就是這樣。但西方人講求見效，所以有這一整套回饋的方法，而西方這種生物回饋方式的運用也是心理治療的一種方法。

呼吸與發聲的應用有助化解身心壓力

佛教運用到西方心理治療裡的第二種方法就是念咒，用念咒來從事心理治療。禪修的方法中，其中基本的有三個方法，念種子字、念咒語、數息法，數息法就是觀察或調節呼吸。呼吸法也不是佛教的專利，婆羅門教就有，瑜伽術也有，還有中國道教裡也有這種呼吸的調控方法。可以說，呼吸術是所有古文明裡都重視的。呼吸的觀察調控和念咒，至少有五、六個西方心理學派運用到。

通過念咒，或通過對於呼吸的調理，在你緊張時，心跳得很快時，使你呼吸緩下來，你的壓力自然就會減輕。反過來說，當你的壓力很沉重，面臨很緊急的情況，你的心跳就會加快，呼吸就會短促，這是身和心必然相連的一種關係。所以數息法、念咒，比如修準提法、持準提咒，這些都可以用到心理治療上的。此外，你沒有宗教信仰，你單獨念某一種聲音，也有心理上的幫助。

二十年前，臺灣流行過超覺冥想功法，當時這功法的印度宗師來台教一次，每人要繳八千元。我的朋友去學，那時教學是分節的，每節都要繳錢，越往上收費越高。印度宗師給你一個咒音，很短的，比我們普通念的咒還短，你就念那個，事實上這些音在瑜伽術裡都有。這些音可以分為兩大類，以中國文化觀念來講就是可以分為陰和陽。陰和陽可以影響我們血液的酸性和鹼性，甚至於影響我們交感神經和副交感神經的功能。

我們不談宗教的話，聲音本身有這樣的功能。比如說，如果有人很憂鬱或者壓力很大，各位都知道笑一笑可以減輕壓力。笑是什麼聲音呢？笑就是「哈」的音，這就是陽性的音。陽性的音就使你的交感神經比較容易提振起來，容易發達。什麼是酸性的音呢？我們說笑的「哈哈哈」相反的就是哭的音，「嗚」的音，泣啦、嚎啕啦，屬酸性的音。人如果太急躁，交感神經太發達，就要念酸性的音把它降下來。這人太消極了，太保守、太封閉了，就要他念比較開心的音、陽性的音。灰心抑鬱的人，多念「哈」的音，有助他走出來。每天念「哈」音，打開心胸，能幫助自我改造。

說來，可能最好的咒音就是「哈」，還有「唵啊吽」也都是很好的音。西藏密宗的咒語前面幾乎都有「唵啊吽」，這是一切音的基本音，很多咒語是從「唵啊吽」變化和搭配出來的。還有，地藏菩薩的咒語裡就有「哈哈哈」的音，所以不要把地藏菩薩想成只管冥界，他也管陽間的。釋迦牟尼佛吩咐地藏菩薩在彌勒佛還沒有來之前，當攝政王代為眾生服務。我們從地藏菩薩的咒裡也可以感受出很陽性、很陽剛的氣，各位如有持念過的當有體會到吧！

宗教的演化分合、語音翻譯的偏離與文化思想的交流

印度恒河邊念咒洗浴最多的聲音是什麼呢？是「唵」的音。「唵」在中國佛經上翻譯過來的發音有很多種，但有問題。「唵」是有鼻音，有回音的，現在印度教還是這麼念的。印度教是以前的婆羅門教，後來吸收一些佛教的教義演進。婆羅門教是印度最古老的宗教，佛教興起後，婆羅門教才衰落，後來印度佛教在伊斯蘭教打擊下消亡了，婆羅門教經過宗教改革，吸取佛教的精華，也借鏡為什麼佛教興起而婆羅門教衰落的教訓，由之自我改造，而以印度教的面貌出現，這經歷與中國道教頗有相似。中國早期的道教是模仿佛教的理論，再建立另外一整套神學的系統，但是宋朝之後的道教，各位可以看看道教的經典，道教在宋朝以後可以說是完全接受佛教的思想，也在談般若，也在談空

性，以前道教是不講這些的。早期道教主要談神和神的保佑，心性談得少。這和儒家一樣，宋明儒學也是接受了佛教的思想。

還有，佛教中尤其是密宗，咒語的音更多了，非常非常豐富，但發音的標準沒有統一。師父教時大都會說教你什麼，你就要相信，照師父念的就對了，但一般來講沒有一個師父會說我教的音全對。如果你拿一個音去問許多老師，恐怕老師們的發音都不大一樣。因為古印度的音和現在的有差，文字和語言都轉譯了。即便你用現在的印度音去念也不見得正確，這有如今天用國語去念佛經裡的咒，根本差很多，用有「河洛音」的臺灣話去念還可能接近一點。

佛經是用漫長的時間去翻譯的，跨越多個朝代，從魏晉南北朝一直到宋朝、元朝，其中大部分的佛經是唐朝時翻譯的。中國的語音變化也很大，方言特別多，我們今天講的國語雖然是起於北京的方言，但也不是很標準的北京話。臺灣話就有「河洛音」，河洛主要指今天西安、咸陽一帶，「河洛音」就是那個地方的古代官話，所以是唐朝的音。你用河洛音念佛經、念咒，就很有韻味。用臺灣話念唐詩三百首，絕對比用國語要好聽有韻味得多。國語只有四聲，臺語有八音，念起來音韻的變化就多了。

那麼，再說西藏的六字大明咒「唵嘛呢唄咪吽」，應是接近古印度佛教的音。西藏的語言文字都是學習印度然後創造出來的，所以西藏的音比較接近印度。唐朝時西藏想仿造漢文，有一個歷史記載說唐朝沒有答應，好像是魏徵或者房玄齡反對。當時如果西藏用了漢文，那麼今天可能就沒有西藏文字了，所以西藏後來仿造印度的語言文字來創立自己的一整套語言文字系統。六字真言是西藏最流行、最普遍的咒語，西藏人在他們的信仰裡認為西藏是觀世音菩薩的淨土。松贊干布把觀世音菩薩作為自己的本尊佛，建立布達拉宮。「布達拉」指觀世音菩薩的常住道場，中國也有以觀音菩薩的道場為名的，如普陀山。

這六字真言很有用，我小時候接觸的一些法師，我就看到他們寫六字真言當符咒用，房子貼上「唵嘛呢唄咪吽」的字符可以避邪保平安。各位如果對於符咒有興趣的話，可以看一看符咒的文獻，其中有很多是佛教的。有一些人不明白，以為這六字真言是道教的，其實是佛教的。像清水祖師本屬佛教禪宗出身，不少人誤以為他是道教的神明。還有宋代的普庵祖師常被看成是道教的，其實普庵祖師也是佛教的禪師。普庵祖師有一個普庵咒，很流行的，還有普庵符，蓋房子常用到。比如說今年不能蓋這房子，或者說這個方位不對、時間不宜，就貼一個普庵符，上寫「普庵祖師在此，百無禁忌」，問題就可化解了。這是民間很流行的符，這符實際是佛教的，只不過常被誤解成道教的，或風水上的。

自己念咒和聽誦的功效有別

另外，關於咒語，自己念和聽是大不一樣的，自己念是咒音直接產生出來，效果大，聽的話雖然有效，一般情況不如自念。打一個比方，我們聽音樂也是很有效的，心情不好，聽聽優美的音樂也能轉化心情，讓心靜下來放鬆放鬆；或者聽熱門音樂，在室內跳一跳，出一身汗，壓力也解除了。但是自己唱又不一樣，這就是為什麼有人要去唱卡拉ok，不在家聽音樂，因為效果不同，自己唱更可以直抒喜怒哀樂，而聽是靜態的，除非修養超出常人。念咒有意念、默念、金剛念誦、大聲念等很多種念法，每一種都有效果，只是運用上有一點變化不同。你大聲念可能會干擾到別人，且大聲念不能持久，持久了喉嚨受不了，所以該怎麼念靠自己調整。

唯識法相宗與密宗的不同

再者，自己念也要注意氣脈理論的運用，念會有振動，這與瑜伽術的應用和密宗修法很有關係。密宗在佛教發展史上是後起的，佛教早期乃至釋迦牟尼佛在世時就沒有密宗。再如玄奘法師到印度留學時也還沒有流行密宗，那時是唯識論與法相之學交接的學術階段，所以玄奘法師在印度接觸到很多的唯識與法相的辯論，以及各種學說，而其他學派的發展幾無餘地。所以玄奘法師回來後翻譯唯識論，不是忠於某一種著作的翻譯，而是綜合印度各種不同解釋作編譯，不僅是翻譯，從而編出一部大作品出來，這樣再往下發展才有密宗的出現。

密宗接受婆羅門教的一些因素，包括崇拜很多神。早期佛教只有尊敬釋迦牟尼佛，各位去泰國看，幾乎所有寺廟都只有釋迦牟尼佛一尊，後來密宗裡的神多得不得了。而融合法相的唯識法相宗與密宗不同，唯識猶如現在的心理分析，對生命的心識分得非常細，所以要建立佛教的心理學，主要還是與唯識學有關。唯識理論建立在「轉識成智」上，一般人都生活在識的境界裡，顛倒妄想、煩惱重重，唯識強調要從這轉識來覺醒而成佛智，這等於是講人深層心理如何修為轉化的問題。

至於密宗接受了瑜伽術，瑜伽術講人身上有若干脈輪，最主要的是海底輪，海底輪指生殖器和肛門的三角地帶，往上是臍輪，再往上是心輪、喉輪、眉間輪，這五輪是最主要的。也有分成七輪的，也就是把泥丸穴算成頂輪，再於臍輪和海底輪之間另外分出一個生殖輪，這樣就分成七輪。五輪、七輪都是同一個系統，這是瑜伽術裡就有的，不是佛教的發明。比如準提佛母的第三眼，就在眉間輪這地方，而道教講眉間有玄關，故有點玄關之說，就這麼一點就了生死，而看相算命稱那裡為「印堂」。這樣的說法不少，所以眉間是一個要留心的地方，人要倒楣就能從這個地方看出來，如果照鏡子看到這地方黑起來了，就要小心，少惹是非，少說別人的閑話，自淨其意。

婆羅門教瑜伽修持在與大梵合一

氣脈、脈輪在修行上是很重要，但是西醫不承認，因為這在解剖學上找不到，人一解剖，氣脈就消失了。脈輪說在印度很早的時候就發展出來了，在瑜伽術裡，海底輪被比喻成盤起來的冬眠蛇，瑜伽術要把這冬眠蛇一樣的海底輪的能量喚醒，由之轉化身心出離生死不再輪迴。婆羅門教也希望修到天堂，不落地獄，但依佛法看，婆羅門教沒有發展到跳出三界之外。任何宗教都希望上天堂，不希望下地獄，只不過天堂的名稱，每個宗教不一樣，回教、天主教、基督教等都有天堂。婆羅門教是要把這條「蛇」喚醒，不要墜落下去，要一步一步提引上來，修成了可以升天，婆羅門教稱之為「大梵天」。

婆羅門教義認為個人是「小我」，要進入「大我」梵天之主，「小我」和「大我」合而為一。把海底輪如蛇的能量沿著脈輪一關一關升上去，合入梵天的大我中，用道教的話來講就是天人合一，其全程的修行，就是「長養聖胎」，最後可以出陽神，開發智慧。

瑜伽術講的是上下一條脈，密宗則另外加上兩條脈，也就是左右脈，這樣就是三脈了，但其中最重要的還是中脈，密宗講超脫生死，也是修練這中脈開通。密宗講人的意識活在心上，用世俗淺顯的話講就是靈魂，但是佛教不講靈魂。人死了，這心的識能依修行狀態從不同方向走。從腳底走，腳最後才冷的，可能就下地獄去了；如果頭部是最後才冷的話，一定是往上升天了。這靈識往上升才是好的，往下走那糟了。假如從心口走，還可以下輩子來人世間重修。

誦咒通氣脈化開煩惱結使

那麼密宗修阿彌陀佛的法門，平常就持這咒音，用這個音把靈魂體提升上來，這要喇嘛來教才行。如果念這音超過頭蓋骨，哪天沖掉了就會走人了，所以密宗規定一個月只能修一次。這等於好像煙囪要定期清理一下，死的時候好走，但不要天天修。還有，修密還要作專門的觀想，這都要有喇嘛或上師教，以免產生負作用。但若你只是平常念「唵嘛呢唄咪吽」，那就沒關係，你就靜靜念；覺得全身充滿這音，自己整個身體都不見了，整個宇宙都是六字真言，這樣有助打通你的氣脈。

我們人心有千千結，念咒可把心結打開、震開了。佛教裡講「結使」，人很多煩惱都與輪脈糾結不通有關，所以念的時候把諸輪和諸結震開。比如「唵啊吽」是震動的三個主音，「吽」音震動最厲害的地方就是丹田、臍輪，也有人說心。「唵」震動的地方是頂輪和眉間輪，「啊」音震動在喉輪。中國佛教認為咒不要翻譯。為什麼呢？因為咒主要是聲的作用，由聲波的共鳴起效果，諸佛菩薩各有不同的咒，因此念咒等於與那尊佛菩薩產生共鳴。比如念「南無阿彌陀佛」，「阿彌陀佛」是佛號，「南無」指皈依，意是皈依阿彌陀佛。然後再持念阿彌陀佛的心咒，用現代的話講就是密碼，有如進到佛那裡的開關，這要與佛菩薩起感應共鳴才行。

自力或他力終歸「自淨其意」

另外，任何宗教信仰必然涉及他力。他力就是佛菩薩或上帝、玉皇大帝等任何神，由之給人一種力量。宗教沒有他力的拯救接濟，就不成宗教，而只是一種哲學思想而已。所以佛教當然也講他力，不管你念觀世音菩薩，還是阿彌陀佛，都有他力之助。但佛教與其他宗教很不一樣的地方就是很講究自力，主張自我救濟。早期佛教他力的色彩是非常淡的，幾乎等於沒有。釋迦牟尼佛講「諸惡莫作，眾善奉行」，任何宗教都一樣，都要你做好事，不要你做壞事。然後還要「自淨其意」，這是佛教很重要的教義，也就是要淨化自己的靈魂、自己的心。「自淨其意」，也是沒法找佛菩薩幫你忙，唯有自己能夠淨化自己。

所以早期佛教沒有偶像崇拜，偶像崇拜是後來才興起的。現在佛教信徒，大多是起源於他力信仰的需要，希望佛菩薩保佑我們平安，使我們發財，夫貴妻賢子孝，加持生活吉祥如意等等。但是嚴格來看，佛教的真精神就是「自淨其意」。你自力做好，別人才幫你，你自己肯好好修，佛菩薩自會加持。所以不管你念那尊佛菩薩的名號咒語，都依自力而感他力之用。因為我信你，我向著你，這信當然會產生一種力量，或你智慧開了也起作用而接應到萬法緣起的力量。關於這部分，有人不喜歡用「宗教」這個名稱，而稱之為「宇宙意識」——超越個人存在的宇宙意識。

我們跟宇宙意識相通，由信力打開自我，自然會啟發智慧。所以不管念佛號還是念咒，都有它的功效。我們勉強去分的話，咒偏於音的共鳴上，一邊是發出電波，一邊把自己的脈輪、心結打開，念名號是你自己的意志力的作用，信的力量。所以淨土宗很強調信，不管是念阿彌陀佛，還是念觀世音菩薩，都是信力開發自性與法界相應。念誦中把自己信的力量發出去，電波一樣，可以共鳴，可以交流，特別是我們自己的身體會比較明顯感受到這種音波的波動。再如密法裡有許多金剛咒會有很多憤怒的音，所以念咒個人的感受是比較快的。

總之持名、念咒是一種信仰，會受益無窮。但修行要專，佛教的修行有很多種，修行人選多了往往就不專了。修一個咒，要念幾百萬遍，乃至幾千萬遍，至少也要幾十萬遍以上才能產生作用，才可能靈驗。咒很多，要修就擇一專心修，愈專心功效愈大，也才能得到殊妙的受用，這是佛教強調的。

專門傳承之法與普及的通法各有因緣

每個佛菩薩都有他的咒，比如文殊菩薩就有很多咒。佛教的咒語從印度傳來，有的傳到西藏，有的直接傳到唐朝，比如《大藏經》裡的咒語都是從印度直接傳到中土，用中國文字作音譯。而印度後期的密宗沒有傳到中國，傳到了西藏，由西藏再傳到中國來。那些咒語是多得不得了，每個佛菩薩都有很多的咒，像文殊菩薩至少有十種不同的咒。學佛的人想學念咒，但是一個咒並不是任何人都適用。適合你的專長，符合你個性的咒，對你的功效更大。所以嚴格來說，咒要個別的師徒傳授，且有些咒是不能公開傳的，要老師和學生相處一段時間，老師很瞭解學生的人格、專長、個性，瞭解學生的生涯規劃、人生的目標是什麼，學生要做什麼樣的一個人，然後才幫學生選一個咒，選一尊佛菩薩給他主修。當然他也可以修其他的，但是這個是主修，這樣幫助就很大。

過去西藏老師教學生至少三年以上，要細心考察和教學，不是匆匆忙忙的。因為老師也不是神，一下子就瞭解學生，也是要實際客觀的觀察和審核，這是指特別專修之法。但現在是忙碌的工商社會，我們平常沒有這樣條件，因此大家一般念念佛號也是有很大的益處，其效果當然能夠增加我們的信心，得到法喜而消除各種人生問題與生活上的壓力。

轉移壓力、耐受壓力和解除壓力

轉談一下音樂治療法。音樂功能很重要，心理治療上有音樂治療法，值得大家嘗試，因為音樂可以很快改變人心情上的壓力。比如有時候很悲傷哭不出來，聽悲傷的歌，以毒攻毒，讓積壓的情緒宣洩出來，使心理趨於健康。再如心情不好，音樂可以很快使人擺開壓力。

不止聽音樂，看電影也一樣，到郊外走一走，或者到運動場跑一跑，打個網球，慢跑一下，這種壓力的紓解會非常快的。還有些人，不高興就出去逛逛街，買幾樣喜歡卻不見得需要的東西回來，看到這些漂亮的東西，心情就好了。這是壓力情景的轉變，洩掉了壓力，可是不究竟，因為壓力的來源問題沒有解決，只是你感受壓力的情景狀態轉變使壓力轉移了而已。

比如說老闆欺負你，給你很大壓力，你唱唱歌，跳跳舞，把不愉快拋開，但是你去上班還是要面對他，壓力問題乃在。所以重要的是你有什麼對策改善與他的關係呢？或者你盡所有努力，動用社會資源，請別人幫你講話調節，到最後盡力了沒能改善，那你就要離開這老闆，天下總有留人的地方讓你發揮。這面對壓力最直接的就是你能不能處理解決問題？前面轉變心情紓解壓力不是不對，只是問題仍在。音樂不僅可以紓解壓力，特別是古典音樂與定力比較有關係，有助於人加強定力，但重要的是紓解壓力、增上定力後清明的心智能善巧解決問題，或耐壓力增強而不生病。

一個定力深的人靜定下來，能承受很大的壓力。一個浮躁的人承受一下壓力可能就會爆發了。你們看淝水之戰時東晉宰相謝安，在生死關頭還可以下棋，這就是定力深。以前老總統每晚都要靜坐一小時，不接見任何外客，培養定力。能靜能定，自然能承受壓力，且心胸越大包容性越大，所能承受的也越大。心胸越窄，精神單薄，缺少彈性，那承受力便越小了。

那麼，以學佛來說，學佛的人要做功課，一般是早晚課，若上班族就是上班前做早課，下班後或睡覺前再念經打坐。佛教的法門排列組合起來非常多，有些人修的是念咒。念咒是重複念的，念的過程中不要胡思亂想，心念要集中，要定於一，這樣打坐就很容易入定。有些人騰不出時間專門念咒，他可能就念短咒，各人根據自己的條件作調配。有的人擠公車，在車上默念，一個人獨處時就可以念出聲來。還有，初學的人，打坐時不要餓肚子，也不要飽肚子。飯前一個小時，飯後一個小時不要打坐。因為飯前一個小時可能肚子餓得「咕咕」叫了，不容易定下來；飯後吃飽，腦子的血液缺少了，這樣容易睡著。這是對於初學者的要求，怕初學者這樣做了沒有學習效果，影響信心。功夫好了，有一定程度了，能定下來，吃飽和有點餓就較不會影響修行，或障礙腸胃的消化等功能。

釐清意識心靈的構成和運作機制有助壓力解除

再來談一下，關於靈魂的問題，以目前的科學來講，不承認有靈魂。科學方法是建立在能夠量化、統計、調查，能夠重複實驗。靈魂到現在沒辦法科學實驗，有的科學家說人快死了，就用一個真空罩罩起來，然後看靈魂跑到哪裡去？或人死了有什麼現象，看他的身體有沒有減輕。外國有做過這種實驗，實際上沒有公信力，不可能有成果出來。像有人說看過鬼，你說把鬼叫出來讓我看看，這哪讓你隨傳隨到？所謂科學的結果就是每個人，無論天才還是白癡，只要按科學步驟做，達到的都一樣，這就是科學。

英國一百多年前就有研究鬼魂的協會，還有拍過鬼的照片出來，二十多年前我就看過這照片。這有許多議論，有人認為這是造假。但其實也有一些科學家證實自己見過鬼，或一個鬼屋，許多人去那裡，後來簽字說看到鬼了。這種關於靈魂學的研究，每個國家都有，包括我的幾個朋友都有這方面的研究，但是我講這不是科學，這屬於 parapsychology，中文翻譯成「超心理學」。臺灣就有中華民國超心理學協會，原來是蔣緯國等名流組成的，也買一些儀器回來，希望做一個科學的研究。其實這 parapsychology 不應譯成「超心理學」，應該講是「準心理學」。

我們今天講的科學是建立在公認的科學方法論上，依科學方法論得出科學成果。但是這個科學不是一成不變的，不是說今天不是科學的，未來也必不是科學。古代有許多不是科學的，現在隨著科學進步，被納入到科學研究的範圍裡。靈魂在今天還未正式在科學研究的範圍，但是人們想去研究，所以 parapsychology，可視為「準科學」而還不是科學。科學與非科學之間不是截然分割的，這中間有緩衝彈性地帶，而這 parapsychology 就是在科學與非科學之間的灰色地帶，希望將來有一天能成為一門科學。但我告訴各位，最反對超心理學的就是心理學家，反而許多自然科學家很喜歡或者說很相信這些超心理學的研究，所以科學家與科學也是兩回事。科學上沒辦法證實上帝的存在，但是科學家可以相信上帝存在。

總之，以上所說，不管是心理學、超心理學，越能合於科學的研究，等於把人的心靈或靈魂、意識弄清楚它的結構及機制，那對我們人生的許多問題會有很大的幫助，等於可以探究到人類壓力和焦慮的根底，有助於我們對自己生命的了解和趨於平安的生活。

問答

問：您說念咒幾十萬遍才有效果，那會有什麼效果？還有請教宗教與科學的關係。

答：宗教不是科學。宗教方面的學習和修行會有什麼成效？宗教不可能像科學活動那樣預期出量化的成效。宗教建立在信仰上，如果講有效，也沒辦法像科學那樣做實驗，比如說你念得（咒）有效，我念得無效，你說哪個對、哪個錯呢？這牽涉到你不等於我，我不等於你，不像科學如物理變化，有多少紅的加多少青的一定等於紫色。沒有任何宗教確定證明了說信了我，一定能怎樣。傳教士可以這樣講，甚至說信者得救，至於得不得救？誰知道呢？哪個人上天堂，哪個人下地獄，有人看得到的，但更多人看不到。不管任何宗教都有天堂和地獄之說，但怎麼知道天堂和地獄呢？人造衛星和航天器，頂多到月球和火星，假設有一天科技發展使人能到銀河系邊緣，超過太陽系幾百萬倍以上，宗教家會說你到不了我指的天堂，天堂還在銀河系之外，或說那境界極微細，科學儀器偵測不出。這是宗教與科學不一樣的地方，但並不是說宗教不對。

你問我說念哪個咒會有什麼效果呢？我只能說希望你有效，因為宗教是建立在信仰上、信心上，那牽涉到你信的程度夠不夠，動機強不強，以及你修法充分不充分，法入得深不深。如果這兩者都合乎的話，應該有效。但我這裡講這效果不是保證你發財，保證你什麼都如意，只能說你生理和心理上至少有好的改變。人的生理和心理是互相作用的，「健全的心靈寓於健康的身體」，這是西洋的諺語，有健康的身體才有健全的心靈。但是近代研究心理學和心理治療的人，把這句話轉過來講，也就是「健康的身體寓於健全的心靈」，這是研究精神病學的人得到的與傳統截然相反的結論。但不能說哪個結論對、哪個結論錯，兩個結論都有道理的，從這兩個截然相反的結論裡可以得出生理和心理是有密切的關係。

就像說某一個女生很漂亮，但又說她像花瓶，沒有氣質，沒有精神力量的內涵。反過來說，另一位女生精神很美，但是外貌不漂亮，別人與她處久了，就會感覺到她心靈的光輝。男人也一樣，一看是帥哥，但他的精神內涵不夠，別人與他相處，就會覺得他膚淺無聊。有的人並不好看，但是很溫柔，與他相處你會喜歡。這些主要講精神面向。

以念咒來講，念咒對於我們身體有作用，至於佛菩薩是否來加持呢？這裡暫不談，也暫不講他力。如果把打坐比喻成音樂，不談神祕學，要平常心來看的話，音樂是陶養性情的好東西，你經常唱歌的氣質與較少受音樂薰陶的人的氣質是不一樣的。咒同樣也有這道理，念咒震動了，打開了你的結使，使鬱悶消解了，人就會變得開朗了，身體就會健康，這功能是存在的。我們不談佛菩薩有沒有來照顧你，你這樣鍛練，坦白講就當作氣功練，也是有效的。唱歌要練氣，氣功要練氣，兩者都要練氣。以上是針對一般談念咒的效果。

前面我講過，目前還沒有佛教的方法論運用到心理治療和心理輔導，或者壓力的解除上。我們佛教裡對治壓力，就是靜坐的方法、念咒的方法、止寂的方法、觀想的方法等。觀想淺顯地說就是自我意識創造出的想像力可以改變自己。這裡我們暫不談佛菩薩來保佑，而在談一般人可以實踐、可以修持練習的方法。觀想是先想後觀，你想一個東西久了，自然可以觀出來。比如說我們修準提法，想十八臂準提佛母形像，一直想，最後只要眼睛一閉就會顯現這像，這叫「觀」。這種觀想是非常大的力量，這與心理學上的自我催眠有形似相近之處。

催眠術是有它的效用的，但是在臺灣缺少催眠的老師。催眠老師要人品好，如果遇上心術不正的催眠老師，就會被控制。在歐美來講，催眠都很慎重，怕有流弊。自我催眠的主動權在自己，你想要做什麼樣的人就可以自我催眠、自我改造，自己告訴自己我要如何。催眠與密宗的觀想最有相似之處，佛教與壓力的解除方法有關係的不外乎靜坐、持咒、念佛號、觀想，我們把宗教他力的因素拋開的話，可把這幾法當成實驗，因為這幾法比較重要。

再說，佛教可能是所有宗教裡最近科學的，雖然不能像科學那樣去實驗、去量化，但是至少有自我實驗的證明。玄奘法師講「如人飲水，冷暖自知」。也就是說個人證量，他自覺的沒辦法數量化和分享的，沒辦法講出具體成果是怎樣，這成果只有自己知道。所以我們希望佛教也能有一天建立方法學，雖然沒有辦法數量化表現，但是起碼讓你知道修到什麼程度，會有什麼樣的反應，用很明確的語言來表達，這是佛教未來要走的一條路，不像傳統的那樣轉圈子。我相信佛教能夠走這樣的路，佛教本來就有講究實驗的因素存在，不是迷信的，不是完全建立在他力之上的。講他力信仰那就更難以去實驗觀察了。

佛教修行自力的因素很大，可以自我實驗，如果把很多人的自我實驗作一個統計歸納，比如說念咒有沒有效？像我們班有五十個人，對每個人做自力調查，把相近的合成一個組，不同的再編成一個組，男生分一個組，女生分一個組。我們每天密集訓練一個禮拜。一個禮拜後，然後調查這個禮拜你有什麼反應？有怎樣的喜怒哀樂、如意不如意等等，作一個統計，這樣就可以得到一篇接近科學的報告了。這不是說某一個人是否有效，而是說在一群人裡，有效的或然率有多少？有效的部分在哪裡？這就可以做出研究報告。像心理治療領域，沒有任何方法是百分之一百有效的，也沒有百分之八十、九十的有效率，能到百分之七十就算相當有效了。佛教可以做近乎科學的實驗，這是我的一個感想，因為佛教以前沒這樣做過。佛教可以做這類實驗，可以作統計以趨近於科學標準的研究。

肆 東西方的多面向心理治療法

一、哲學哺育出的心理治療——猶有餘力抱子孫

哲學家懷德海（Whitehead）曾說過：「文明的起源來自對落日的第一聲嘆息。」也許這僅是片面之「見」而已。但我們接觸到西方哲學時，可以了解其主要特色在於「愛智」，較少關切到情意。

心理學的發展雖然遠較哲學來得遲，但是，有了人類以來就有心理問題，詳究起來，其歷史遠比一般哲學史的起點要長遠多了，只是成為一門獨立學問的時間較晚。而在西方有了系統的哲學後，心理學也一直以「心靈哲學」的面貌，跟其他哲學密切相關地往前發展。成為一門科學的心理學從哲學獨立出來，雖已有一百多年，但只要心理學以人為中心，就可以從哲學中繼續得到豐富的泉源。單就心理療法來說，下一節略為談到的意義療法，即很明顯的是實存主義的應用。實存主義雖可源自齊克果（Kierkegaard）、尼采（Nietzsche）等人，但其理論的建立卻得力於倡導現象學的胡色爾（Husserl）、海德格（Heidegger）。現象學又經沙特（Jean-Paul Sartre）、龐蒂（Merleau-Ponty）等人發展成現象學的心理學。

現象學影響了很多心理療法

由此而發展出來的現象學的心理療法（Phenomenological Psychotherapy），其主要論點在於：

一、人透過特殊的、有意識的注意，以及透過世界的種種層面，來組織自己的經驗，並賦予意義。

二、行為是基於個人經驗所做選擇的結果。

三、人運用一些模式來解析其生活經驗，並賦予意義。而治療師可以幫助當事人澄清與覺醒這些模式。

此派療法並沒有提供具體的治療技巧，最重要的是，治療應具有充分現象心理學的知識與訓練，瞭解意識的運作，而在晤談中澄清當事人的經驗，並發掘其意義的結構。在治療師與當事人的意識經驗互動中，雖然體認到實存的潛意識層面，但焦點擺在意識的層面上，即當事人體認到自己是富創造性的主體，能夠解決問題，能夠更充分的決策，以及更富意義的選擇。

此派可以協助當事人正常的組織自己的經驗、做重大的決策，以及辨認與澄清其行

為模式，將經驗做有秩序、有意義的統合。由於現象學國內讀者較陌生，而它又可分為實存現象學（Existential Phenomenology）與解析現象學（Hermeneutic Phenomenology）兩派，都分別對心理治療有長遠的影響（如二十世紀五〇年代的羅洛梅、羅傑斯等人），所以並不是三言兩語就能闡明的。

現象學與結構心理學的配合

至於現象結構心理療法（Phenomeno-Structural）則建立在現象學與結構心理學之上。其主要理念來自敏克斯基（Eugene Minkowski，受到法國哲學家柏克森反智主義的激發），以及賓斯華格（Ludwig Binswager，深受胡色爾現象學的影響）。

此派療法注重面對面的口頭交談，讓當事人輕鬆自如地說出自己的感受，並提出他日常生活中的情況來討論。他可以自由地選擇話題與表達方式，但以能讓治療師瞭解自己的感受為準。如果感到不舒服，他有權利停止話題，但應把他的不舒服描述出來；如果很激動或衝動，他可以口頭表達出來，卻不許訴諸行動。這些都應在一開始就讓當事人知道。

治療師所插入的話題是非指導性的，只表示著對當事人陳述的理解。對於當事人的口頭或非口頭的態度及行為，並不做任何診斷、勸告或暗示等，但只要他掌握了足夠的實存脈絡（Existential Context），就當設法指出其主題、內容及賦予意義的結構。

此派具有下列兩種特色：

一、現象學的特色：集中在當事人的生活上，而排除了智力結構與病原學的研究。不涉及疾病分類學、病歷或類似心理分析的形上心理學。

二、結構心理學的特色：重視各種意義結構之間的一貫組織。這些意義結構雖然不是當事人所能意識到的，卻對其知覺產生作用。

此派對於精神官能症、心因性疾病較有療效，對於與精神衰弱或失能症有關的疾病則無能為力。

實存哲學與人文心理學的結合

至於實存人文主義的心理療法（Exi-stential Humanistic Psychotherapy）則為布兼托（James F.T.Bugental）所倡導。此派根源於海德格、柏斯（Boss）、羅洛．梅（Rollo

May）等實存主義者，以及詹姆斯、羅傑斯（Rogers）、凱利（Kelly）、布勒（Buhler）等人文主義心理學家。此派認為在西方文化的傳統中，過份強調客體與環境，而忽略了個人的主體性與創造的潛能。真正能使人超脫的心理治療，必須採究個人的人生問題，以及加諸於生命上的種種限制。

此派以人的價值為中心，主張人類潛能能充分實現才是首要的目的。每個人都可有無限的自信，只要他能從對自己與世界的毀滅性解析中解脫出來，而通向此種解脫的途徑是互相尊敬與關懷。在此種關係中，人可以學習運用與生俱來，被忽略的潛能。此派認為對下列四個主要目的而言，技巧倒是次要的：

一、檢驗其負面的、無意識的思想（認知）。

二、真誠地互相尊敬、關懷與誠實，發展當事人對內在的探尋，以改變生命的方向。

三、於內在探尋的過程中或治療後，達到重使生命朝氣蓬勃的目的。

四、支持當事人堅毅地捨棄過去的個人與世界結構，度過焦慮、發怒等存在危機（Existential Crisis），而達到生命本質的開放、自如。

就最簡單的涵義來說，一般人在沉思某種重大問題或做重要抉擇時，就是內在的探尋。只是在使用這種能力時，很少能更進一步的發展。要有效地發展內在的探尋，就要注意下列事項：

一、深切地把握住此時此刻。

二、在開放的關切中，保持以主體性為中心。

三、持有發現內在的期待，而不像其他一些療法著重在已知的過去。

四、認清那些對自己與世界的錯誤、侷限的概念，並消除因此而來的阻塞。

五、打開自由且新的內在視野，以實現較廣而真誠的情感與行為。

總之，此派治療師應以技巧、同理心、鼓舞來配合當事人的決心、堅毅、勇氣。以嚴肅的態度來協助當事人處理自己生命所關切的，促使其自立而非依靠他人，察覺他對內在覺醒的反抗，支持他度過存在危機，隨時提醒他回到此時此刻。一般說來，此派對於教育、社會經濟地位較高的當事人較有療效，可以加強實質的人際關係，對於工作與人生目的有較大的期許與擔當，激發較深、較豐富的潛能，以過自己真正想要的人生。

發展出我國哲學的心理療法

最後，略為說明一下哲學的心理療法（Philosophical Psychotherapy），這是沙哈欽

（William S.Sahakian）所倡導的。他發現有些個案為根深蒂固的神經症狀所苦，在多方求治無效後，精神簡直瀕臨崩潰。直到接受此派的治療後，不再跟神經症狀搏鬥，以哲學的態度淡然處之，把它接納為人格的一部分，反而很快得到心靈的寧靜。

沙哈欽在有關心理學期刊上提出「自我洗腦」（Self-Administered Brainwashing）一法，透過思想、哲學或態度來改變行為與控制情緒。事實上，在中外哲學著作中當可找到這類洗面革新的題材，尤其我國往往文史哲融為一爐，很有發展潛力，值得有心人來整理、探討與創新。

參考書目

01 Spiegelberg, H. Phenomenology in Psychology and Psychiatry. E-vanston, Ill.: Northwestern Univ. Press, 1972.

02 Mucchielli, R. Introduction to Structural Psychology. N.Y.: Avon Books, 1972.

03 May, R., etal., eds. Existence.N.Y.: Simon&Shuster, 1958.

04 Bugental, J. F. T. Psychotherapy and Process: The Fundamentals of an Existential Humanistic Perspective. Reading, MA: Addison-Wesley, 1978.

二、以認知為主的心理療法——往事如夢了無痕

許多心理學家把人的心理功能分為知、情、意三方面。在心理治療上，「情」有所鍾，以此為導向的最為盛行。事實上，「知」「意」在我們行為的矯正與提升方面，也佔著很大的引導力量。

從認知上來治療

從佛洛伊德、阿德勒，以至凱里（George Kelly）、艾里斯（Albert Ellis）等人，都曾強調在精神病學中認知的重要性。但把認知專門用來治療，而創立認知療法（Cognitive Therapy）的要推貝克（Aaron Beck）。他對情緒失常的認知層面深加研究，而在診治焦慮症、憂鬱症、恐懼症方面最見療效。

此派認為一個人的性情、情感與行為大多取決於他對世界的解釋，也就是說他的想法（認知）決定了感受與反應。在他意識流裡面的思想是可以言傳的，或是圖像式

的心理事件。這些認知都奠基在由早年經驗所開展出來的態度或假設（圖式）之上。而患者的失常症狀即跟他的這些認知內容有關。例如，憂鬱症的人具有自我反對（Self-Deprecation）相關的圖式（Schemas）；焦慮症的人則有預期受到傷害（Anticupation of Personal Harm）的圖式；而妄想症的人卻被不實的辱罵或迫害有關的思想模式所控制。

因此，此派技巧著重在辨認與改正歪曲、不適應的認知，以及在這些認知下面的不良信念（圖式）。並教導患者如何去著手下列事項：

一、檢驗其負面的、無意識的思想（認知）。

二、體認認知、情感與行為之間的關連。

三、從正、反兩方面的證據，來驗證其歪曲的負面認知。

四、以較為實際指向的闡釋，來替代其歪曲的負面認知。

五、對於那些導致歪曲與負面低估自己經驗的不良信念，加以辨認與改正過來。

並且，對於較嚴重的憂鬱患者，也指定各種作業，例如記下每小時的活動，或評定他所記錄的各種活動，或逐步嘗試去完成他認為不可能的工作。這些作業不只用來改變行為，而且也用來喚起和這些特殊行為有關的認知。

此派常用各種口頭技巧來探討特殊認知與前提的邏輯基礎。通常先給患者有關此派療法理論的闡釋，使他學習辨認、檢驗，並記下與他特別感到不舒服的事件有關的一切負面思想。然後對他的認知及其背後的前提，詳細討論，驗證它的邏輯、有效性、適應性，進而增進他正面的行為。

總之，此派強調治療師與患者共同來認出不實在的認知，然後以較為實在的認知與信念來替代，並要求他加以實踐看看是否較為實在。這種家庭作業不僅能使他積極參與，並可使他將治療期中所學到的，應用到日常生活上。

認知與行為矯正的結合

上述認知療法，受到班杜拉（Albert Bandura）二本著作的影響：一為《社會學習理論》（Social Learning Theory，1977），一為《行為矯正的原理》（Principles of Behavior Modification，1969）。這兩本書促進了認知與傳統行為主義的整合。班杜拉從概念與資料的基礎上，指出人類的學習基本上是認知而非制約的過程；但他接著指出，這些認知的過程如果類似傳統行為主義治療師所運用的程序的話，當最能見效。受班杜拉的影響，而逐漸發展出認知行為治療法（Cagnitive－Behavioral Therapies）。

一般說來，此派認為不管是否適應的行為，都為下列因素所決定：生物因素、心理因素與環境因素。由於每個人受這些因素的影響有大小的不同，因此本派治療師也視個案情況，而對這些因素分辨輕重。這種理論可稱為互動論（Interactionism）或「相互決定論」（Reciprocal Determinism）。

班杜拉曾將學習的基本形式分為四大類：直接連結的經驗、借助於別人而來的學習、符號的傳授與符號邏輯。此派既然視治療為學習的經驗，所以往往把上面的四種學習整合在治療的技巧上，例如，直接技能訓練即是應用了連結的經驗。對於不合理的思想模式或適應技能的不足，則給予邏輯的自我審查或帶有教誨意味的傳授。在一般治療的細節上，也可以看到此派運用了行為矯正的方法，如自我觀察、行為演練、鬆弛訓練、情緒弱化作用等。

總之，此派在治療上由於個案的不同，約可分為：認知重整的治療、適應技能的治療與解決問題的治療三種。到目前為止，其臨床效果較佳的是在焦慮失常症與憂鬱症上，而對於強迫症、老人問題等也顯有療效。

認知與心理分析的配合

至於動力的認知療法（Dynamic Cognitive Therapy）則為維那（Melvin L. Weiner）所發展出來的。他對於佛洛伊德有關認知情感結構，以及意識與實際關係的理論，重新給予肯定與重視。並綜合了認知與心理分析的理論，其治療取向可與心理分析的自我心理學相提並論，而在理論與臨床上提供了不少慧見。

此派認為知覺、記憶、推理、判斷、學習與解決問題等認知的成長過程，不能夠跟個人（自尊、認定、情感的表達與控制）與人際關係的成長過程分離。受到創傷、扭曲、剝奪的童年，多少總會傷害到這兩類的心理成長過程。而心理治療的目標即在以較為適應的結構來替代那些錯誤的結構。只是一般治療師與病人互動的層次往往是口頭與理念上的（Verbalideational），而病人受創的心理結構卻根源於非口頭認知（Nonverbal-Cognitive）的層次上。此派在認知層次的溝通上，即提出了較有效的途徑。例如，當病人的認知形態使他在日常生活中陷入困境時，此派治療師不會要求他來談論這個問題，而會說：

「我想重要的是，你如何真正地看（或想、記憶或解決問題）。我有一些概念性的作業希望你來做，但我關心的不只是你看到了什麼，而且是你『如何』來看待這些作業，以及你由此而聯想起『什麼樣的情感』。所以，等一下你要解決我給你的各種謎圖時，設法告訴我你要如何處理，並告訴我湧入你心裡的所有念頭，即使是你認為不重要的細節。有了困難就讓我知道，而你心理浮現的任何印象、情感或記憶，即使你認為跟這些作業無關的，也要告訴我，因為也許這些都是重要的。」

這種對認知作業的聯想，通常都會導致過去重要發展事件的再現，這些事件及其產生的影響或情感，在形成病人目前難題的過程中，擔任了重要的角色，雖久已遺忘，現在卻又歷歷如繪地映現出來，使他即刻打破頑強的抵制，而就長期來看，為他打開了認知與情感過程的新向度。

此派在視、聽、觸、嗅覺與運動覺上，設計了八十五種認知作業，來幫助病人覺醒自己的認知形態，以及適應人生問題的能力。總之，此派療法可以深透心靈的核心結構，對於強迫症、焦慮性官能症、協識脫離症都有療效。而且，由於此派重視非言語的認知溝通，對於過份心理防衛、青春期異常或精神病邊緣性狀態，也都有其效果。

尋找人生的意義

種種認知中最重要的，應屬對人生意義的認知了。但就是這種認知最難，幾千年來，中外人生哲學所致力探討的，也正是這個主題。由此，順便一提法蘭克（Viktor E. Frankl）的意義療法（Lagotherapy），它又稱為實存分析（Existenzanalyse）也有人將它與佛洛伊德的心理分析、阿德勒的個人心理學相提並論，而稱之為第三個維也納心理治療學派（Third Viennese School of Psychot-herapy）。

法蘭克對病人所訴苦的空虛感或無意義感，特別稱為「實存的空虛或挫折」（Existential Vacuum Or Frustration）。到目前為止，此派已發展出二套測定實存挫折的測驗：克崙保的生命目的測驗（James C. Crumbaughs PIL Test）與路卡絲意義測量（Elisabeth S. Lukas's Logo-Test）。

在治療技巧上，此派著重在意義的尋找與導正。它認為生命是無條件的具有意義，即可以在創造某項工作、從事某項事業，或體驗某些事物、關愛某個人當中找到意義，即使患了絕症的人，也能彰顯生命的意義。人追求快樂卻得不到快樂，因為真正而持久的快樂，唯有在意義中才能產生。總之，除了助人尋找人生意義，充實人生外，此派對於強迫症、恐懼症與非器質性的神經病也頗有績效。

參考讀物

01 Beck, Aaron T. Cognitive Therapy and the Emotional Disorders. N. Y.: International Univ. Press,1976。

02 Meichenbaum, Donald. Cognitive Behavior Modification. N. Y.: Plenum Press, 1977。

03 Weiner, Melvin L. The Cognitive Unconscious: A Piagetian Approach to Psychotherapy. Davis, Calif: International Psychological Press, 1975。

04 Frankl, V. E. The will to Meaning: Foundations and Applcations of Logotherapy. N. Y. : New American Library, 1969。

三、談幾種身心整合療法——別把身心分家

曾經有位青年跟女友講好，親自上門提親，到女方家時卻怎麼也開不出口來，把女友氣得半死。後來，第二次登門總算傳達了心意；不過，最後在跟女友晚餐時，卻又因顯得沒啥表情，而把女友氣跑了。雖然他們都已辦好傢俱，準備結婚，女友還是移情別戀，落得分手的下場。

跟這位青年進一步交談後，知道他當時彷彿被什麼東西壓迫得透不過氣來；而晚餐時沒啥愉悅的表情，是當天工作特別勞累，使他疲累得面目失去光彩。

無可否認的，在這些生理現象背後存有心理的因素，但對這位青年來說，主要的因素卻來自生理原因。心理工作者當然要重視心理的原因，但若因此忽略了生理的原因，往往就無法達到預期的效果；因此，本期特別介紹幾種重視生理層面的治療方法。

呼吸控制反映生命情境

深受榮格分析心理學影響的波洛斯卡（Magda Proskauer），從小就喜愛運動，並體會到運動可解放僵硬的行為模式與社會適應，而自然流露出無比的歡欣。因此從慕尼王大學唸畢生理療法後，在德、美等國的臨床經驗中，發現呼吸療法（Breathing Therapy）對於哮喘、中風、小兒麻痺症等有關疾病，頗有療效，而逐漸推廣到心理治療的領域。

依據波洛斯卡的說法，呼吸（間或配合一些動作）可以使人更為清晰的意識到潛在的阻力或障礙，不管是感情或感覺的層面。因為呼吸跟隨意神經與自律神經息息相關，我們可以不自覺地呼吸，也可以有意的去影響呼吸；所以，呼吸實為意識與潛意識之間的橋樑。

在生理上，感到過份疲勞或無能為力，會自然打呵欠或嘆氣；在心理上，憤怒、恐懼、悲哀等也會影響呼吸的順暢。一般說來，不能開懷呼吸的人，往往會感到焦慮、壓制、過敏、自卑等。

波洛斯卡認為：腹式呼吸對這些心理症狀頗有療效，可以使人較有主見，且較能接納別人。若對此療法想做進一步研究，可看蘭克（Otto Rank）的《成長之道》（Way of Growth），當然佛道兩家以及瑜伽學派在呼吸方面，有很多比波洛斯卡更精密理論、更具體方法的書籍，可供我們來發揚光大。

切斷身心的惡性循環

受雷克（Wilhelm Reich）、羅夫（Idap. Rolf）與波爾斯（Fritz Perls）等心理學家所啟發的波列斯托拉（Hector A. Presteral），在加州賓士（Big Sur）的伊沙蘭學院（Esalen Institute）出來後，創立了體能療法（Body Energy Therapy）。他曾與庫茲（Ron Kurtz）合著一本《身體的啟示》（The Body Reveals）。

此派療法的理論，奠定在這樣的前提上：在成長過程中，面對各種壓力，不只心理上會做各種適應，生理上也會產生補償作用；也就是說，身體會反映出整個自我在生活史上的互動結果；人會撒謊，甚至自欺，但身體從不說謊，因此，可從體態的觀察上，來了解一個人的性格與情緒的發展史。

波列斯托拉採信瑜伽術所謂的普拉那（Prana，意指一種孕育在空氣中的次能），以

及我國有關「氣」的理論，認為我們在早年的一些不良想法或習性，干擾了生命活力的暢通，以致身體產生某種阻塞或變形，而這些身體上的變化又反過來影響心理的成長，如此惡性循環，人就一直掙扎在作繭自縛中，而很難逃脫出來；生命的核心，也就因此支離破碎。

他認為：要重建生命的核心，就須從身體的重心做起。理想的重心可使身體不致前俯後仰，要使身體得到平衡，減少大地引力的折磨，應使連接頭頂、耳朵中間、肩膀中間、臀部關節、膝與踝關節中心的軸線，與大地垂直。然後，按摩身體上僵化的部份，使阻塞的氣流得以暢通，進而化解內在糾結、衝突，使身心得到整合與覺醒。

學習小孩的自然微笑

事實上，對上述兩派有深遠影響的是，羅文（Alexander Lowen）與雷克所發展出來的生物工程分析（Bioenergetic Analysis）。有興趣研究的，可看羅文的《生物工程學》，以及雷克的《性格分析》。

他們所應用的技巧有按摩臉部，使人恢復笑的能力；幾十年前，我在龜山監獄擔任教化工作時，就曾如此教過受刑人。當時只是基於這種想法：既然「相隨心轉」，又何嘗不能「心隨相轉」？於是教他們道家的按摩術，要他們紓展眉頭，每天多笑幾次，我總認為有些煩惱或罪行，當初如能付諸一笑，也就一笑置之了。

四、直接療法述介——要見山就打開門

余德慧教授曾經在《直接輔導法引介》一文中談到：「由於鄭指導委員心雄回國，把羅傑斯的個案中心輔導法有系統地引介國內，教導各大學心理系學生有系統地從事羅氏輔導法的理論研究與運用，使「張老師」的輔導方法與技術的進展向前邁進一大步……鄭教授亦未曾強調羅氏的輔導法是唯一的，但是若少數輔導員未顧及此，對於某些尋求幫助的個案，一味地僅採用個案中心式的晤談，常會令個案煩悶及得不到問題的解決，而困擾依然存在。」這確是經驗之談。羅傑斯（Carl Ransom Rogers）的理論有其獨到之處，並且具有相當臨床價值，但卻絕非萬靈藥。在美國就曾流行一個關於羅氏的笑話，他本人也承認聽過好幾次，當然他絕不承認這個笑話會成為事實——

有天病人來到診所，告訴治療師：「今天我感覺真是沮喪。」

治療師重覆著說：「您感到非常抑鬱。」

病人說：「是的，我覺得活著沒意思！」

治療師重覆著說：「您覺得生命沒有意義。」

病人說：「是的，我想跳樓！」

治療師又重覆著說：「你想跳樓了。」

然後，病人真的跳出窗戶，自殺了。

治療師自言自語地說：「他從窗戶出去了！」

這當然是極盡誇大之辭，不過，由此可見任何治療學派的特長背面，都有弱點存在。羅氏治療師的弱點在於其對人性抱著理想化的樂觀主義。所以，「張老師」從六十四年起，即開始有系統地實施技術的直接輔導法，如行為治療法、嘉獎徵信制度、理想情緒治療法等，且已有不少成果。這裡就順此方向，介紹其他幾種國內較少見的療法。

六個改善決策的步驟

直接決定治療法（Direct Decision Therapy）為格林瓦德（Harold Greenuwald）於一九七〇年所創立，由於他曾執教挪威的柏堅大學（Univ. of Bergen）故又稱柏堅學派。它在斯坎地挪威亞（Skandinavia）佔著主導地位，並逐漸影響到其他歐美地區。

此派治療法事實上綜合了其他多種療法，包括了心理分析、個人心理學、理性情緒治療法、行為矯正等。它不只是治療法，同時也是一種生命哲學。

此派治療法的技巧可以簡要地歸納為下列六個步驟：

一、要求當事人盡量把自己的問題清楚地陳述出來。為了鼓舞當事人的陳述問題，有時可以如此問他：「你有什麼目標？」因為此派治療師發現用「目標」比用「問題」一詞較來得管用。

二、最重要的是，當事人與治療師一齊來檢驗過去雖有助於問題的解決，而現在卻妨害他到達目標的決策。他對於過去決策的過程可能不太清楚，因此當他表達自己的活動、態度、人生哲學時，治療師應設法協助他醒覺自己做過的決策。

三、檢驗在問題背後的諸種決策可能帶來的收益，這些收益可能是積極的（如增加信心、增加歷練等），也可能只是消極的避免焦慮。

四、然後探討：是在什麼樣的情境關係中，做出這個獨特決定？此派認為所有最早做出的決定，都對當事人具有效力，即使後來也許不再產生作用，但都曾對當事人具有非常重要的心理意義。

五、然後請當事人來檢驗過去的決定，他現在是否有不同的看法來做新的決定？例如，有些當事人為過去太求完美而做的決定所苦，在當時也許有其需要，也發揮了相當功能。但時過境遷，今天促請他重新考慮，有些人可能就不再如此苛求自己，他們能接納人的有限性；雖然仍一如以往那樣盡其所能的努力，但能夠接納美中不足的可能。

六、當事人做好新的決定，治療師就通過家庭作業、自我獎勵等方法，來協助他實行這新的決定。並且鼓勵他不要因一時的做不到而捨棄，仍要再接再勵的持續去實踐。

此派應用極廣，可用之於個別或團體治療，尤其適用於家庭因決策而引起的各種問題。此外，也可應用在教育、工商管理或公務等人員身上，因為他們深知：如何做最好的決策是無比的重要。

有效治療需特殊場所與照顧

直接心理分析（Direct Psychoanalysis）乃為洛先（John N. Rosen）所創立。他從一九三九年起，研究的重心逐漸從內科與病理學轉移到心身醫學，最後終於在州立精神病院專職工作，並教導電擊與藥物療法。他曾聽到有位病人死於急性精神分裂，就跑去一齊驗屍，卻找不出解剖上的死因。只能推斷大概是死於病人心中的憤怒。據說病院中還有此類病人，無法可施，遲早是死。他就跑去接觸這類病人，結果意外地他能夠瞭解他們所說的話，經過一番診治，他們竟然都復原了。在幾十年中，他聽了幾百位精神病患的特殊語言，逐漸在理論與臨床經驗中，摸索出一條有別於正統與間接心理分析的路來。

此派因個案性質以及治療師不同的訓練與人格而涉及到許多不同的技巧。因此，此派的訓練機關，放棄一定的模式，而專注於能夠標準化與分類的共同領域。

此派認為醫院並不是治療患者的好地方。因為醫院收的患者多，有關人員又不盡有充分經驗，也較不容易專心；理想的地方應最能顧及到個別患者的利益，像洛先及其同事在田波大學（Temple Univ.）的醫學院從事研究時，即得到三排專用的房子，以及訓練有素的人員。每次治療時，應有三位助手：一位女性充當看護的母親角色，另二位男性擔任保護患者與社區的角色。

治療師要傾聽、觀察與發現患者言語與作為的意義，直到整個情景展現出來，再交由助理治療師循著這條線索繼續探索，尤其是精神病患退化到最早期童稚階段時，更需日以繼夜的照顧。

在治療性的對話中，患者會顯示出轉移作用、強烈抵抗與重覆強迫反應，透過妥善的處理，患者將像小孩子般的依賴治療師，這時就可施之以教育與訓練了。只要患者恢復正常的判斷就可以返回社會。當然，如果他又有了異常行為，就該按日來訪治療師或重回診所治療。

此派對精神病患最能見效，尤其是抑鬱性而曾自殺過或有自殺傾向的患者，這得力於周密的防範。除外，對於協識脫離症、廣場與幽閉恐怖症，以及各種心身疾病，都能有效治療。

選擇適當的治療法

指導性的心理療法（Directive Psychoth-erapy）為索涅（Frederick C. Thorne）所創立。自一九四二年羅傑士提倡個案中心治療法以來，由於第二次世界大戰的爆發，對精神失常與心理問題的處治需求孔急，以及教牧人士的接納此法與推廣，使此易學易用的療法，很快地普遍推展開來。

因此，所有的治療方法多少總涉及到以治療師為中心（Therapist-Centered）的活動。所有的方法只有運作分析（Operational Analysis）才能顯露治療師真正做的是什麼，而不是他宣稱做的是什麼。

他承認在一般情況下，使用非指導性方法可以使當事人充分表達自己，認出問題的所在，發展出治療性的見識，而學習過更適意的生活。但是當事人無法透視問題，或無法與個案處理者溝通，缺少解決問題的資訊，無法解決衝突時，那麼就需要借重指導性的療法了。

個案處理者需要醒覺何時給予指導，何時不予指導，也要醒覺指導過分或不足所帶來的難題。如果太以治療師為中心，可能就無法瞭解與影響當事人。如果太偏重非指導性，就可能永遠無法揭開或處理當事人真正的問題。

總之，索涅認為非指導性的療法，對於智力高、動機強的當事人最有療效，他們只要給予少量的處置，自有能力解決問題；但是當他們沒有能力解決問題，或缺少動機時，就需要指導性的療法，才能有效治療。

參考書目

01 「張老師」主編：《現代心理治療理論》，幼獅版，民國六十七年。

02 Greenwald, Harold. Direct Decision Therapy. San Diego, Calif: Edits, 1973.

03 Rosen, John N. Direct Psychoanalytic Psychiatry. New York: Grune & Stratton, 1962.

04 Jurjevich, R. M. ed. Direct Psychotherapy. Vols. I & II. Coral Gables, Fla: Lniv, of Miami Press, 1973.

五、催眠的心理治療法——恍兮忽兮現真情

正如西醫不認為中醫合乎科學，卻也不影響中醫確能治療某些疑難雜症一樣；催眠術向來也不為一般學院派心理學家所接納，但在心理治療上也確有某些療效。催眠術所以蒙上神祕的色彩，乃在於科學實驗的重重困難。但近年來由於對夢、睡眠與意識的進一步研究，以及史丹福催眠感受性量表的測驗，已較能掌握催眠的真相。主持該測驗的西爾格德（Ernest R. Hilgard）得出了高度感受者的特徵如下：

一、在深度催眠下，受試者不願意自己活動，寧願等著施術者來告訴他做什麼。
二、受試者只注意施術者的聲音，而對其他聲音不會注意。
三、會毫不考慮地接受幻覺經驗，或其他通常會拒絕接受的扭曲事實的現象。
四、增加可暗示性。
五、經過催眠的受試者會扮演不平常的角色。
六、大多數受試者會忘掉在催眠狀態下所做的一些事情。

至於這些現象背後的生理基礎，根據以「坐禪與腦波的研究」聞名於世的日本東大

笠松章與平井富雄醫學博士的說法，催眠就是抑制大腦新皮質的作用，而把它所控制的舊皮質的機能紓放出來，而在腦波上所顯現的也異於平常睡眠的腦波。當然催眠的全部真相還有待挖掘。在此先略為介紹西方幾種有關催眠的心理療法。

催眠具有治療功能

催眠療法（Hypnotherapy）由來已久，可以說跟人類文明同樣古老，只是在漫長的歲月中都披上法術與咒術的外衣。直到愛倫坡（Edgar Allan Poe）寫了本《催眠術的啟示》，才使催眠術從神祕宗教中解脫出來；而把現代催眠術應用到心理治療上的，首推麥斯麥爾（Friedrich Anton Mesmer），他於一七七八年在巴黎開業。後來，查克特（Jean Marie charcot）也同樣以催眠治療聞名於世，佛洛伊德還特別投到其門下學習，只是後來另闢途徑，創立了以自由聯想和夢的解析為基礎的心理分析學派，而大放異采，催眠術才由此式微。直到第二次世界大戰後，證明了它在處治因戰爭而產生的精神官能症療效極佳，才又逐漸為醫學界與心理學界所接受。

由於催眠術的暗示力量很大，為了避免如前幾年報上所載，有個書法家到學校表演

拳指書法，而使幾個女學生不由自主跟他出走的事發生，對於催眠的詳細技巧，在此從略。此地僅選譯威爾欽斯（Lee G. Wilkins）所用的說詞，以見一般：

請你全身放鬆下來，並閉上你的眼睛。你的身體正逐漸感到重（或輕，視患者而定）起來。你發現自己愈來愈清楚關於自己的兩件重要事情。

首先，在你裡面深處尋找出堅實的力量核心，它是由你的能力、理解力、經驗等構成，是你之所以為你的原因。一旦你想要使你的功能大為發揮，就可求助於這個資源。它是你隱藏著的力量泉源。

其次，你裡面也有個內在的時鐘，你可以隨心所欲地加快或放慢。我願建議你放慢到身上張力與心上壓力都消失為止。你大可從從容容地做，不要感到時間有限的壓力。在你覺醒時就能產生大量建設性的工作。

你有能力做到這點。注意你是如何呼吸，你的脈膊、血壓都已降到正常的範圍內。是如此舒適、歡悅，如此寧靜、安祥。

現在，試想你正打開厚重的鐵門；當它打開時，你會逐漸醒覺到自己種種的感情、思想與意象。你會對這些感覺好奇，並加以綜合起來使你更加瞭解自己。

當你跟我談這些體驗時，你會發現自己更充分地鬆弛，並感到恍惚地在睡夢中跟我談話。一切似乎如此真實（並不需要醒來），都在你控制之下。你了解自己願意的話，能夠打開眼睛，但你不會如此做。

你推開了那道厚門，而讓你前所未意識到的自己自如地出來。你能夠完全放開你的身體，因為你的潛意識將在你控制得當的速度下，讓意象與思想跑出來。

此時，治療師可以對當事人加以指引、建議、發問或要求把一個夢完成等等。當要喚醒當事人時，治療師應想到是否有些暗示要去除，以及哪些暗示希望在催眠完畢後繼續保留（是否要當事人想起剛才發生的事，就看治療師覺得哪一種較合適，有時候暗示當事人忘掉也是很重要的）。然後，才說：「數到五時，你就會完全醒過來，感到寧靜、體力充沛而有信心，好像你已休息了很久。每次你做催眠，就會一次比一次深入，但要只對經你口頭同意的專業治療師反應。慢慢醒過來，一、二、三、四、五……，完全醒過來」。

這一派療法認為醒覺後，狀況的改善，以下列幾種較有效：解除緊張、轉變痛苦狀況、透露出潛意識的反抗、鼓舞對恐懼物的暴露、教導氣腫患者用橫隔膜呼吸、處治心因性症狀、吸毒、強迫症等等。他們認為催眠的有效，主要來自於患者奇異的期待力量，並認為只有熟練的治療師才能指引得當，使催眠術成為精緻而微妙的心理治療法門。

催眠與內省結合

至於催眠內省療法（Hypnointrospection）則為哈爾波（Seymour Halpern）所創立。他最早曾以催眠法作為探究主體狀況（意圖、願望、思想、意象、感情或感覺等）的工具，並探討其治療精神分裂症的潛在療效。但發現這些患者大都反抗催眠的誘導，對此加以分析後，終於創立此派療法。它的技巧可以歸納為下列三個階段：

一、患者往往由於模糊的思想與錯誤的概念而無法界定、看清自己的問題，因此無法作出妥當的決定與有效的行為，招來自擾與焦慮。治療師應讓患者輕鬆地坐下來，盡力表達思想與情感，而協助他清理出問題的脈絡與關鍵所在。

二、請患者輕鬆地仰臥下來，雙手攤開，伸長脖子，以感受身體的張力。然後，請他閉起眼睛，全身鬆弛不動，以細心體會整個意識的流動。透過殘餘張力的減除，他所意識的自我得以伸展開來，並隨時把相關事件說出來，但不要加以解析。這時治療師可以與他構成內在的對話（Inner Dialog），與漸進鬆弛（Progressive Relaxation）或自我催眠（Auto-Hypnosis）。不同的是，此時患者以旁觀者的身份，維持著警醒的態度。在此種驚醒的態度中，注意力是記憶整合的重要先決條件。哈爾波認為「透過注意力的精神生理管道，從神經與肌肉運作而來的訊息，就可以由頭腦的較高層核心來加以修正，而達到整合」。因此，催眠內省法的姿勢可促進身心的和諧。

三、患者一旦為泛濫的訊息而造成不適時，即可以坐起來，而開始進入外在對話（Outer Dialogue）的階段。這時對前面催眠內省中所得的資料作進一步分析。由於患者已擴大了覺醒與自我瞭解的範圍，這時再以社會經驗來提供患者做有意義的改變。

這派不只可治療一般心理失常，並可加強認知並增進心理衛生。由於主要是依賴神經系統的昂奮——禁制機轉（Excitation-Inhibition Mechanisms）的矯正，運用起來必須極為謹慎，尤其在結束晤談前，要使患者從昂奮或混亂的狀態中恢復到常態。

把潛意識催眠出來

至於催眠象徵療法（Hypnoymbolic Psychotherapy），則運用催眠來指引患者解析高度管制的情感象徵的資料（幻想與夜夢）以有效地診治。佛洛伊德雖曾把夢當作「通往潛意識的大道」，但卻感嘆直到夏洛托（Schroetter）醫生用催眠來探究夢，才有了證驗的基礎。後來經過艾立克森（Erickson）、費雪（Fisher）烏伯格（Wolberg）等人的研

究，有了更豐碩的成果。摩斯（C. Scott Moss）融會了上述諸人的研究而創立此派療法，其特色在模仿運用催眠來減除治療師從夢的解析中所產生的投射作用，以及應用奧斯古（Charles E. Osgood）的學習理論與語意技巧，來分析與測度夢所象徵的意義。此派在治療上可分為下列三個階段：

一、指導患者進入催眠狀態。

二、對於患者的談夢及其所作的解析，不加指導。

三、指導患者把迻譯出來的象徵，統合到其衝突的生活模式中。

摩斯認為在催眠下，可以把患者夢中所含的感情復活起來，如果指導得宜，還可以導正情感的體驗。心理分析學派把夢看作衝突的收容所，而催眠象徵療法則主要處理每個夢的當下意義，即把它跟此時此地的問題情境連結起來。一旦治療師知道了症狀的原因，即可應用行為學派所稱的「增強原理」來對症治療。

此派的治療過程一般分為十二次左右，如果患者在催眠下無法談出與譯出他的夢，可能就使用格式塔夢的分析，或各種行為療法的方法來處理他的首要問題，根據摩斯三十多年臨床經驗，約有百分之廿五治療率，通常適用於精神官能症、性格失常等，而較少用於精神病症。

艾立克森在一九五四年所創的間接催眠療法（Indirect Hypnotic Therapy），這是用言語或非言語行為來逼使患者走入行為或思想的死胡同。患者為逃避混淆或挫折的性感，會不知不覺的自己進入催眠的狀態，在「山窮水盡疑無路」之際，由於治療師的技巧，而使自己發現「柳暗花明又一村」。治療師並不解析患者的夢或行為，也不關切精神官能症的起源或把它帶到意識層面，不鼓勵也不討論轉移作用，也不教以邏輯地討論其困難問題。站在心理治療的觀點，此派也許可以對一些奧秘的現象，從中得到無窮的靈感泉源吶！

參考書目

01 Wolberg, L. R. Hypnoanlysis. N. Y: Grune & Stratton, 1945.

02 Halpern, S. " Hypointrospection: Analytic and Behavioral Hypnotherapy notherapy. " Psychodynamics and Hyprosis. M. Kline, ed. Springfield. Ill: Charles C. Thomas, 1967.

03 Moss, C. S. The Hypnotic Investigation of Dreames. N. Y.: John Wiley, 1967.

04 Erickson, M. H. " Indirect Hypnotic Therapy of and Enuretic Couple." Advanced Techniques of Hynnosis and Therapy. Jay Haley, ed. N. Y.: Grune & Stratton, 1967b.

六、家庭心理療法——家家有本難念經

自古以來，家庭就是人類最基本的單位。男女雙方透過婚姻而得到彼此身心的滿足，並因此而延續了繼起的生命。在廣大世界中的飄盪個體，在上與父母、左右與兄弟姊妹、下與子女的關係中，才真正定位下來。

人的生命在家庭中落實

在這種家庭成員的關係中，絕大部份是女方嫁到男方，於是原有的家庭關係產生了變化。除了夫妻開始共同生活的適應外，還有妻子與家人的適應問題。等到孩子誕生下來，更有了親子關係的問題。

在傳統的社會中，這些問題可以藉著一套社會、倫理規範，而得到解決。但是在現代社會，由於個人意識（包括了個人的自由與尊嚴）的發甦，對於很多問題都有自己的看法與決定。因此，婚姻的幸福與家庭的美滿，要比從前付出更多的關愛，才能確實地維護與增進。

從國內有關心理輔導機構的個案中，都市人的家庭問題愈來愈多，顯示著工商社會對家庭的衝擊，也可見「家醜不可外揚」的觀念已逐漸沖淡，以及對於專業人員的信賴逐漸增強。下面就簡介國外現有的幾種有關家庭的心理療法。

制約原理的應用

行為主義的家庭療法（Behavioral Family Therapy）可以追溯到巴夫洛夫、桑載克、霍爾、華生等人，致力於環境對行為反應或模式的研究。其中吳爾波（Faseph Wolpe）主要將古典制約模式應用到個人不良適應所引起的精神官能症的治療上；而帕特森（G. R. Patterson）則將史基納所發展出來的操作制約，應用到家庭治療上。此外，此派也受到班杜拉的社會心理學的影響，開始注重社會的學習，尤其是使有問題的孩子透過良好典型的觀摩，而得到療效。

此派對於問題症狀的個案，在家人協助的自然情況下，先界定問題的所在及其嚴重的程度，作為治療的「基準線」。如果是屬於過份的行為，則應用系統的負增強技巧。

如果是屬於不足的行為，則逐步應用正增強技巧，以達到所希望的行為。這種運用增強原理以改變行為的「設定契約」（Contingency Contract）可以口說為憑或寫成書面。

如果治療師採取認知行為模式，就很可能應用古典制約的技巧，如進程的弱化作用、隱性制約、認知重整、肯定訓練等。雖然通常採取個別診治，但如在短期內見效的話，對家人也會產生很好的影響。

但以家庭為取向的治療師卻大部份把精神擺在社會學上，採用示範、行為演練等技巧，並引導適應社會技巧的增進。這些方法可以單獨實施，也可以配合操作制約與認知行為技巧來實施。

這一派對於兒童管教、婚姻適應問題，以及不正確的態度與信念所造成的問題，因不良行為而受家人排斥，或因家人的壓力而造成不良行為等，都具有矯正的療效。

家庭動力學的理會

理會家庭療法（Comprehensive Family Therapy）是史坦因（Arthur Stein）在一九六四年所倡導，並在紐約市的「柏魯勒（Bleuler）心理治療中心」傳授。此派旨在透過完整的親職教育與心理分析的過程，使家庭的功能正常運作並發揮其潛能。

此派所強調的是對於家庭動力學的理解、建立家庭目標的需求，以及用統合的治療法來對付有問題的行為。它著重孩子的扶育、子女的逐漸獨立、夫妻之間及其與工作之間等層面的溝通。它一方面鼓舞「進程的婚姻趨向」（Progressive marital Trend），使夫妻在互補角色下，學習如何改善自我、彼此互動與教育子女；另一方面則對「退化的婚姻趨向」（Regressive Marital Trend），以心理分析的方法來揭露其壓抑的潛意識，逐漸使其人格得到完整與成長。直到雙方都能為自己與子女建立新標準與新目標，並能付之行動為止。

主要著眼點在發揮整個家庭的最大功能上，而不以臨床的症狀將家庭歸類。對於增進夫妻的適應與關懷、子女的教養與獨立、以及發揮工作效率都頗有績效。

人在家庭中的溝通方法

聯合家庭療法（Conjiont Family Counseling）是由沙悌（Virgina Satir），傑克遜（Don Jackson）合里（Jay Hayley）等人所發展出來的。其技巧因人而異，但不外有下列三點共

同步驟：

一、接納步驟：對於所有家庭成員的年齡、夫妻的關係及其與兄弟姊妹的關係、子女的排行與出生的間隔長短、目前所感到的壓力、工作與就學的異動、生理的狀況、是否曾經酗酒吸毒等，都盡量詳細問明。

二、看他們如何坐下來：最好有間寬敞的客廳，以及可以任意移動的椅子、凳子、坐墊等。然後請他們隨意就坐，而從中瞭解家庭成員之間的關係。例如，有問題的個案往往坐得偏遠些，受寵的孩子傍在其保護者身旁等等。

三、傾聽所說的故事：通常父母都會談論問題的來龍去脈以及前來診所的目的，這時治療師除了傾聽之外，還要意識到其他人的反應。有時因為不易做到這點而需要另一位治療師協助觀察。治療師應像樂隊指揮一樣，控制各種反應的干擾，而使整個故事能順利表達出來。當他發現故事只是用來掩飾或搪塞，就應助當事人去觸及新的溝通方式，且發展證實自我價值的新途徑。

沙悌認為具有自我價值感的人，能夠坦誠溝通，也能夠建立與維持各種關係。他能選擇有價值的外在規則，納入自己的價值系統。因為外在的妥協與內在的不以為然，是造成壓力、衝突與憤怒的根源，因此，著重點在於如何肯定自己的價值，以及建立自己的價值系統。

最大的效用在於：澄清早年發展不當的溝通模式，使家人能理解彼此之間的異同，進而互相學習別人的優點。

要重視社會措施對家庭的影響

家庭脈絡治療法（Family Context Therapy）是建立在操作制約的原理上，認為家庭可以透過生活環境的改變而得到矯正。此派旨在減輕環境對家庭的傷害，並為家庭尋找新的環境資源與機會，而使家庭得以解決問題，並得健全發展。

此派倡導人為貝爾（John Elberkin Bell），一九六四年，美國「國立心理健康機構」派他到亞、非洲，研究了一五〇個醫院，發現在大部份情況下，家人都日夜陪伴住院的病人，使他得到很大的啟示。返國後，經過多年的推廣與研究，而在一九六九年的「傑克遜紀念會議」上正式發表出來。此後，他即致力於跟家庭患者有關的醫院、學校及其他社區機構的改善，並關切跟家庭有關的福利措施，而使患者的治療時間大為縮短。

至於家庭危機療法（Family Crisis Therapy），則是南格斯來與卡波南（Langsley &

Kaplan）於一九六四年在「卡羅拉多精神病院」服務時，發現很多急需入院治療的患者，可以不必住院而實施家庭療法。經過追究研究，發現療效並不比住院差，而在家庭危機的處理上反而更有效率，因而創立這派療法，其主要技巧簡介如下：

一、全天候提供服務，並立刻協助。

二、把問題界定為一項家庭危機，要家人陪同個案就診，而不受理單獨前來的個案。

三、要瞭解當前問題的背景，以做今後處理的參考。

四、以保證與鼓舞的態度來防止家人發生過份退化的情形，必要時得以藥物來減輕家人的症狀。

五、治療師積極的解決家庭當前的危機，直到他們能自行處理為止。

六、對未來的危機問題也要妥為預測。

治療師（通常是兩人）得視需要，與家人做兩小時左右的會談，或做家庭訪問，並隨時保持電話連絡。治療師並不重視個案的症狀，但對這些症狀所傳達的訊息，保持同理心的尊敬，即把症狀當做當前問題情境的詮釋，而不當做生病的證據。

你在家庭中如何扮演自己的角色

還有一種多重聯合療法（Multiple Conjoint Psychotherapy），倡導人為波塔席（Herdert Potash），其主要特色為兩個治療師（男女各一），共同診治夫妻，尤其是有關於性的問題。至於多重家庭療法（Multiple Family Therapy），則為拉克爾（H. Peter Laqueur）所創立，其主要特色為四、五個家庭可以共濟一堂，作一系列的訓練。

此派可以對其中一位父親（母親、孩子）問這樣問題：「你認為自己是那一種丈夫與父親（妻子與母親、孩子）？」其他的人就可記下聽到的答案，而跟自己的信念或問題作比較。此種問答可以促進所有成員的互相瞭解與合作。此外，並以家庭遊戲來促進成員的互動，以及訓練他們身體語言的表達。此派最主要的成果是使他們不再說：「你必須先改變，才能使我改變。」，而反過來說：「我想我是先要改變我的行為，也許久了你也同樣會改變自己。」此派的優點是收費低、收效大，因此，已漸為荷蘭、比利時、德國、西班牙等國所採用。

參考資料

01 Patterson, G. R. Families: Applications of Social Learning to Family Life. Champaign, Ill: Research Press, 1975.

02 Satir, Virgmia. Conjoint Family Therapy. Palo Alti: Calif: Science &Behavior Books, Inc., 1967.

03 Bell, John Elderkin: The Family in The Hospital: Lessons from Developing Countries. Washington, D. C.: U. S. Government Printing Office, 1970.

04 Langsley, D. G., and D. M. Kaplan. The Treatment of Families in Crisis. N. Y.: Grune & Stratton, 1968.

05 Laqueur, H. P.: "Multiple Family Therapy." Family Therapy: Thory and Practice. P. J. Guerin, ed. N. Y.: Gardner Press, 1976.

七、談幾種社會心理治療——我們原是一家人

從事心理輔導與治療的工作者，固然秉持著「燃燒自己，照亮別人」的胸懷，但面對心理問題的錯綜複雜、盤根糾結，有時也難免陷入無力的挫折感之中。其實，這對以助人為懷的人來說，未嘗沒有一點啟示：人畢竟不是神。心理學雖然跟各種學科有關，卻不能涵蓋整個領域。

馬斯洛也曾慨嘆受了多年專業訓練的心理工作者，終其一生，究竟真正幫助了多少人？他在晚年接受美國基金會的委託，駐留工廠經年，隨時筆錄所感所思，後來彙編成冊，名為《優勢精神管理學》。他認為要有效促進全民健康，不能只靠個別的救治，而要從整個社會結構與制度來改善。當然，這已超出心理學的範圍，涉及到政治、經濟、教育與文化等領域，而需要科技的整合。不過，心理學若能保持這種開放、深遠的胸懷，將為人類帶來更多的福祉。至少就心理治療來說，已發展出幾種有關社會的療法，而有了相當的功夫。

社會秩序與心理深度並重

首先介紹社會調查療法（Social Casework）。在一八〇〇年代，美國慈善機構即曾實施「友誼訪問」，關切道德的重整與貧窮的救濟，但對象只限於「值得」幫助的窮人。直到本世紀才逐漸體認到：窮人往往是他們無法控制的社會環境的犧牲品。而引起愈來愈多學者專家的投入研究，對於功能抑或診治觀點，個人處理抑或社會改革取向，曾有長期的爭論，直到一九三〇年代自我心理學的引進，才有較一致的觀點，把自我做為內在與外在的橋樑，而把社會調查療法綜合為對於「社會秩序與心理深度」的關切。此法在實際處理上，除了行為矯正、家庭療法、危機調解、成人社會化等四種取向外，最主要的是有下列三種取向：

一、心理社會（Psychosocial）取向：此種取向的主要原理是由哈彌爾頓（Gordon Hamilton）在一九三〇年代發展出來的，目前最重要的理論家是賀立斯（Florence Hollis）。其焦點擺在個人的力量與環境資源的運用上，而不是在呈現「疾病的模型」。其主要的原理是從心理實體與社會脈絡兩方面來看待人，即注重「情境中的人」。

在治療師與個案建立了真誠與開放的關係，並評估個案與情境的互動關係後，協助並調整他的情境、情感與行為，或為他尋找適宜的社區資源，以改變他的環境。當然，在整個處理過程中要不停地評估個案的焦慮程度，以及他實行新任務的能力。對於他還未準備做的事，決不可以催逼。

二、功能取向：在一九二〇年代，心理分析的概念所向披靡，功能主義者認為這些概念是命定而機械化的，人在潛意識的黑勢力面前是無助的。因此，而有了此種取向的興起，它以費城大學為中心，因為蘭克（Otto Rank）在那裡任教。此種取向有三項特性：

1．它根源於成長心理學，認為改變的中心在於個案，治療師的職務在於幫助他把抉擇與成長的力量開發出來。

2．加強社會工作機構的運用，使其充分發揮特殊的社會服務功能。

3．把社會調查當作助人的過程。

此種取向並不否認非理性的存在，以及早年經驗帶來的不良影響，只是它認為追求生命的健康與慾望的實現，才是人性中的首要特性，因此強調人力與社會力的開發，以促進個人的自我實現與社會的福祉。

三、解決問題的取向：這是芝加哥大學的波爾曼（Helen Harris Perlmen）在一九五〇年代發展出來的。此種取向根源於心理動力論，並受到自我心理學、功能學派、實存主義的影響。其主要的理論基礎在於認定：人生就是個解決問題的過程，人之所以有問題而來求助，其基本的困難在於解決問題的方法。此種取向有下列三個目標：

1．降低使人失去能力的焦慮與恐懼，提供支持與安全感，以減低使人失去能力的防衛，引導個案的自我能量去投入手上的任務。

2．啟發個案的精神、情感與行動的能力，去適應他的問題。

3．為個案安排可以達到的目標，以及解決問題所需的資源。

此種取向強調要以社會與人際的脈絡來瞭解人，而人的問題即在人與人，及人與工作的關係上。

社會具有各種影響力量

至於社會影響療法（Social Influence Therapy）所關切的是，改變個案的自己及其人際關係，以及自己一般生活品質。為達到此目的，治療師就須設法取得有影響力的地位，以輸出治療性的（改變個案的態度）訊息。把治療師的角色界定為影響的動力，由來已久；在近代治療史上，提倡最力的要算法蘭克（J. D. Frank）、歌德斯坦（Goldstein）等人，但直到一九七四年，才由吉里斯（Fohn S. Gillis）正式成立此派。它的治療技巧可分為四階段：

一、增強個案對治療的信心與期許。

二、建立具有影響力的地位。

三、輸出改變個案態度與人際形象的訊息。

四、證實正在產生的改變。

此派深知得來不易的事情較會珍惜的道理，因此治療前會要求個案先做密集的測驗，然後再強調治療的效率與價值；至於所用的治療技巧，大都取材於社會心理學，但他往往會參酌其他派別的，如理性情感技巧、對質策略等等。此派較有療效的是恐懼症、偏執妄想症、消極依賴的失調，以及一般家庭壓力。

至於社會治療法（Sociotherapy）可以追溯到二次大戰後，美國與歐洲發展出來的環境治療法（milieu therapy），後來經過雅可斯（Elliott Jagues）、瓊斯（Maxwell Jones）、蘇利文（Sullivan）、荷妮（Horney）等人的拓展，到了一九七〇年的艾德森（Marshall Edelson）才使此派的理論與實踐有了豐碩的成果。此派所關切的很多，可列舉如下：情境；社會系統與條件；可資運用的社會、生理、文化資源；方法、機會、設

施、媒介、價值與規範的世界；在社會系統裡與人共同擔任某種任務時，所產生的人與人、人與團體之間的緊張關係；甚至努力去協調或改變社會系統。

因此，此派治療師需要具備廣泛的學識與對社會現況透徹的瞭解。一般說來，其主要技巧在為個案導向互動與恢復自我的環境。其顯著療效是疏離感、自我缺失與脆弱、偏執狂等。

社會網與社會系統

社會網協調療法（Social Network Intervention）的特色，在於運用一群在支助某個人或家庭時，能夠擔任重要角色的人群、家庭、鄰居、友人與重要的他人。在原始部落裡，人際關係彷彿網絡般密切相關。但在現代社會中，那種親密關係卻鬆弛、淡漠了。

一九五四年，英國人類學教授巴尼斯（John Barnes）發展出來社會網的理論與建構，而由史具克（Ross V. Speck）進一步發展出工作技巧，在一九六六年首次用來矯正病態家庭，以及減緩慢性的危難。

簡略說來，此派在進行治療時除治療師外，還需要二、三位助手，至於跟個案或家庭相關的社會網人數通常在四十人以上。通常在晚上七點半開始進行一、二個小時的研討，以澄清問題的癥結所在，進而釐定進行治療的策略，通常包括下列步驟：

一、首先說明聚會的原因，然後要求大家站起來哼唱，或像原始部落的一些跳舞儀式，進而大家手牽手、閉著眼睛左右搖晃，進入催眠狀態，使大家產生同為一體的感受。

二、由家庭說出其所需要的，而由分成兩組對立的社會網，給予不同的反應或辯論。

三、由上項作用，導致熱心份子出來領導設計方案，並組成協助家庭的小組。

四、治療人員可應用對質、鼓勵或其他恢復集體意識的技巧，來消除可能產生的抗拒、壓抑現象。

五、一旦達成既定目標，全體人員會有完成任務，興奮欣慰的情感。

由於此派動員多人，較適用於其他療法無法奏效時。其療效為偏執狂、精神分裂情境的減輕，工作障礙的解決，以及防止自殺等。

至於社會系統療法（Social System Psychotherapy）的理論基礎，主要來自社會心理學家勒溫（Kurt Lewin）的場地論，而其界定社會系統的基本方法則來自社會人類學。至於其實施方法，則受到家庭療法、家庭社會學與社區支助系統的影響。此派認為一個人可以跟一千五百個人左右有來往關係，以配置（set）觀點來看，可以從下列五種配置

來分析：

一、個人主觀認定的配置。

二、以客觀的標準所做的分類配置。

三、以共同從事所做的行動配置。

四、以特殊角色關係所做的角色系統配置。

五、以共同興趣的內容所做的場地配置。

此派也可以從下列五種範圍（zone）的觀點，來分析人在其中的關係：

一、包含有正常來往、親密關係或高度情理交流的家人或近親。

二、包含密友、鄰居、同事或重要他人。

三、包含較少來往的友人、親戚，或雖常來往，但不很重視的鄰居、同事。

四、包含有切身關係的家庭醫生、生意客戶或鄰居等。

五、包含面熟或點頭之交的，以及因一時需求而接觸的人。

治療師可就上述兩種標準，來診斷患者障礙所在，並就其所屬系統來改變社會力的結構與功能，使患者得到健康的社會環境，進而改善他的行為。

總而言之，目前既存心理療法有三百種左右，但萬變不離其宗，讀者可從這十二大類中所附參考讀物去充實，深信對於我國心理治療的未來發展，會有不少的啟示與貢獻。

參考讀物

01 Hollis, Florence. Casework: A psychosocial Therapy. N.Y.: Pandom House, 1972.

02 Gillis J.S. & M. Berren, eds. Social Influence in Psychotherapy, Reading & Commentery. Chicaga: Nelson Hall, 1981.

03 Edelson, Marshall. The Practice of Sociotherapy: A Case Study. New Haven, Cann: Yale Univ. Press, 1970.

04 Speck, P., et al. The Vew Families N.Y. : Basic Books, 1972.

05 Pattison, E. M. "Social System Psychotherapy." American Journal of Psychotherapy. Vol. 17 (1973), PP. 386-409.

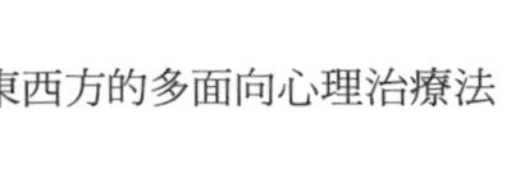

八、受人本主義影響的人類潛能運動——自我成長與實現

人文心理學的曙光

自從人類在洪荒的世界中有了意識活動，即從人羣中意識到「我自己」與「別人」是不同的存在以來，即有了「心靈」（Psyche）的探討，這個字眼具有精神、靈魂、心理等含義。從西方文化發展的觀點來看，後來把靈魂的領域劃給了宗教，剩下的「心識」（mind）作為哲學研究的一部份。當然，到了中世紀哲學整個籠罩在基督神學之下。

文藝復興以來，中產階級的興起帶來社會結構的大變動，民族國家逐漸脫離宗教的管轄，而各種學科也陸續從哲學中自立起門戶。經過不少先驅者的開拓，心理學也成為了一門科學。一般都以翁德（Wundt）一八七九年於德國來比錫成立實驗室為近代心理學史的起點。經過百年來的蓬勃發展，心理學派別既多，分類又細。於人格的理論方面，除了行為學派、心理分析學派外，又有號稱「第三勢力」的人本主義的興起，形成三分

天下的局面。

概略來說，行為主義偏於環境對行為的制約；心理分析學派偏於潛意識的黑暗層面；而人本主義則強調意識的光明層面，即對於人性抱著積極樂觀的看法，認為人不盡然受環境所制約，也不盡然受潛意識所操縱。人的本性中自有向上、向善的力量，朝向「自我實現」（Self-actualization）。

你可以比現在更好

基督教雖然接受了人本主義健將羅傑斯（Carl R. Rogers）的「當事人中心心理療法」，但已有不少教會人士反省到它的人性本善觀點，與《聖經》上的「原罪」理論相違背，不過，還是肯定它的輔導方法。由於以前的心理學偏重於病理方面，而人本主義則著重於正常方面，因此普遍受到學界的重視，並且應用到企業管理上，國內盛行的杜拉克（Peter Ferdinand Drucker）的各種企管著作，即深受其影響。而國內各心理輔導機構，更大多以此派理論與方法為主。

由於人本主義蓬勃發展，引起了「人類潛能運動」（Human Potential Movement）的迅速推展，這運動的基本信念是：一般而言，人都有強烈的健康本能，以及朝向成長的原動力。因此，只要透過感覺、意識的覺醒訓練，以及身心的整合，人可以活得比目前更幸福、更有意義。

這運動包容性很大，除了奠基在西方生理、心理的研究下，也接納了東方的禪、氣、瑜伽等觀念與訓練技術。在美國自二十世紀六〇年代頗為風行以來，迄至目前，還在方興未艾當中。有關這方面的著作，國內已有相當多的中譯本。到底它的奧秘何在？下面就先看看這套開發我們潛能的共同規則，以便我們在遊戲中有效成長。

開發潛能的共同規則

「人類潛能運動」發展至今，頗為龐雜，依史崔費爾（Harold S. Streitfeld）在《成長遊戲》（Growth Games）一書中所收錄的，已有二百種不同的技巧，其實施的範圍可以歸納為三類：身體、感覺與意識。以下簡介「人類潛能運動」的一般規則：

一、為自己負責：

心理有問題的人時常要別人（尤其是治療師）為他決定、為他負責任。因此，首先要為自己是什麼樣的人，受到什麼樣的遭遇負起責任，不怨天不尤人，不得過且過，而勇敢的面對自我，可自我暗示說：「我能夠負起責任。」並逐步加以實現，當可感到自信力的湧現。一般人的逃避自我，顯現在言語上有下列幾種情形：

1．事實上是「我不願意」，卻說成「我不能夠」。

2．事實上是「我怎麼樣」，卻說成「別人怎麼樣」，來轉移別人注意力，減輕自己的心理壓力。

3．使用心理學（尤其是佛洛伊德）的術語，來粉飾或掩蓋自己的行為動機。

4．事實上是根本不考慮去做，卻以「現在還不是時候」來推拖，避免負起責任。

二、正視情感的世界：

中國人常用的「心腸」一詞細思起來，實在很有味道，形而上的與形而下的融為一體，正如「情理」一樣的融合無間。現代人由於文明過度的感染、灌輸，容易患大頭病，尤其在西方文化的系統裡，以往太重視思想、推理、言語的「頭」（head），而產生不少問題。因此，潛能運動點出情緒、情感、直接體驗的「腸」（gut）來作補救。

分析、推理等理智功能，固然可以使我們對情感世界外的複雜資訊，經過抽絲剝繭

與概括作用而迅速有效地加以掌握與處理；但如果誤用於情感領域，往往會把精微細緻的部份過濾掉了，好像要從X光中來瞭解一個有血有肉的生命一樣。而人碰到情感情境時，卻往往從「腸」跳到「頭」上，而躲避、轉移、扭曲、壓制自己的情感，自問或問別人一些不關痛癢的問題，或表示一些不著邊際的話。因此，要打開心胸，誠實地去體驗，面對自己的情感。連帶想起來的是，現代人學禪難成，其中一項原因是不易啃住話頭，如實去參，很容易就以理智找到自以為是的答案，當然就滑溜掉了。

三、有效地運用回饋：

在日常生活裡我們很容易對人盡到禮節，卻不容易當面道出自己的觀感。因此，人不容易知道自己對別人的觀感是對或錯，也不容易知道別人對自己的真正觀感為何。

既然人從生到死都離不開社會的其他成員，人際的關係也就顯得特別的重要。要真正溝通，就必須有「回饋」（feed back）發生。如果有人告訴你，你的行為是如何的影響到他，那就是有了回饋。

一九四六年夏天，美國社會心理學家勒溫（Kurt Lewin）博士在主持一項研討會時，偶然發現回饋的益處以來，已普遍受到學界的重視與應用。根據「對質團體」（encounter group）的倡導人羅傑斯的經驗，對別人負面情感的表達，反而可以促進彼此的關係，變得更可以接納對方。

但要有效地回饋，必須直接而具體。婚姻中的障礙往往是由於對對方一些細節的不滿，沒有清楚地溝通，壓制在心頭，而逐漸擴大、變形，變成對對方的無法忍受。因此，要能針對問題、針對感情勇敢地溝通，切忌漫無邊際的嘮叨或牢騷。

四、一般注意事項：

1．要有探險的精神，不要被預期的觀念所束縛。
2．對規則或指示大聲的念出來，以助牢記。
3．以自己內在的韻律或節奏為重，而不要越界去管別人如何。
4．要有耐心，靜待時機的成熟；一旦有所頓悟的靈光出現，還要繼續精進，以增強成效。
5．要逐漸脫離「直接體驗」，而給予充分的反省與回饋。
6．要與別人分享經驗，即使是事後的感想。
7．要盡量減少喧囂與題外話。
8．衣著力求舒適，並去掉眼鏡、手錶等束縛。
9．要戒煙酒以減少干擾或轉移，而直接面對焦慮的根源。

10．要自由自在地創新各項計劃。

以上是在實施能開發「人類潛能運動」的規則，講求的是在自然而舒適的情況下進行，避免因勉強去做而帶來心理壓力。若感到不舒服，可休息或睡覺。若本來已有嚴重的心理障礙，必須先去找精神科醫師或心理治療師診治。在實施較深度的潛能開發時，須有導師在場，隨時指導。

九、走進潛意識的自我療法、前世治療法——淨化自我有多途

目前有許多冥想療法，大都跟佛教的唯識論有密切關係。治療師需要豐厚的素養與實證功夫；而就一般人來說，不見得有明心見性的需求，他可能安於弗洛姆所謂的「逃避自由」，只求對面前的煩惱，得到適度的解脫，而不一定更深一層地去探討自己意識的根。

瞭解人性不容易

舉個例子來說，有位關心公司發展的青年，在會中提出頗多具體可行的建言，贏得與會者一致贊同，不久卻遭到總經理莫名其妙的當眾辱罵，接著在他準備結婚之際，又藉題羞辱，而且降貶到偏遠單位，使他大受打擊，無心如期結婚，結果女孩子也一氣跑掉了。

這位青年痛苦之餘只好求助於心理輔導人員，在後者的關切下，他一面傾訴事情的

來龍去脈，一面點點滴滴地去回憶整個情境，終於找到了答案：一、他想起總經理曾對人說他憑什麼條件追那位漂亮的女職員，當時他知道這話也只感到荒唐地笑笑罷了，而今想來，只能怪自己不早結婚，被人誤當假想敵；二、他想起總經理喜歡女職員說他是青年才俊，自己冒然建言，豈不襯托他的名實不符，只怪自己輕信他說的話：「你們儘量建議，我不會整人。」

這位青年在瞭解人性原有的另一面，以及自己的不懂人情世故後，得到了適當的解脫，重新振作起來。但心理治療師，在幫助當事人瞭解自我情境時，卻並沒這麼簡單，他要斟酌情況，考慮採用下面幾種療法。

善用「心眼」看自我

自我心理療法（Self Psychotherapy）是由史坦奇克湼（Albert Steinkirchner）所創立。其主要的方法是根係於心理分析學派的「自由聯想」與內省技術。稍微不同的是，心理分析學派的內省，較為偏重在涉及心理分析師與當事人關係的想像、情感、觀念上面，而此派則講求內觀自己的心靈，在自由聯想上也較不加限制，可以把情感投入任何浮現的心像（Mental images）上。

此派的技術說起來很簡單，當事人只要閉起眼睛，清除掉心理的念頭、白日夢，而內觀自然浮現在心幕（Psychic screen）上的心像。透過心眼（Mind's eye）所「看」到的影像，自然會引起觀念、洞視與情感上的反應。當然，一般人在開始內觀時，往往容易被一些散亂的念頭所吸引，而胡思亂想。因此，這時最重要的是：「看」而不想。

通常在三小時的內觀後，當事人會開始「看」到童年的一些特殊主題，而彷彿進入時光隧道，回到童年的生活情境。這時，影像愈來愈沒有偽裝，愈來愈清晰，只要繼續「看」下去，就可「看」到它所展現出來的完整意義，而開始消解童年以來的情感衝突。

在治療過程中，可能會從人格的潛意識部份產生干擾的力量，但此派認為只要不為所動，自會產生精神力量來消除發展成熟的障礙。經臨床研究，此派療法對於尚能控制自己的輕性精神病患者有效，但不適用於精神病患者，因為他們的人格無法承受潛意識裡的衝突浮到意識層面來。

自我療法（Self Therapy），則是由史奇夫曼（Muriel Schiffman）所創立。他從小就與母親疏離，長大後卻患了胃潰瘍、恐懼症、週期性的沮喪等等。後來，他每月去探訪母親，雖然喚起長埋心頭的痛苦情感，但經過幾次後卻永遠消失那些纏身的症狀了。

於是他開始探討體驗埋藏的感情價值，並打開四條通向埋藏感情的途徑：

一、徹底地想，並把它談出來；從各種角度來體認自己的痛苦反應，例如沮喪、焦慮、強迫性思想、恨所愛的人等等。從明顯的現象深入到隱藏的情感世界，並盡量把它談出來。

二、把它寫出來：可以說這些問題：「此時此刻發生了什麼？有哪些我從前害怕去面對的？這使我想起了什麼？」設法勾出新感受，並把痛苦的情感與生理症狀，盡量詳細地描述出來。要注意的是，這樣做只是為了體驗真實情感，而不是為自己的情感反應尋找理由。

三、通向潛意識的「後門」：可以從各種藝術所引起的美感經驗中，仔細體會其中的情感，並自問：「這使我想起了什麼？」以逐漸滲入潛意識領域。

四、史奇夫曼曾與波爾斯（Frederick Perls）共事，而採用了一部份格式塔（Gestalt）技巧，即（一）想像引起你痛苦的人就在面前，然後設身處地的扮演兩邊角色，以求瞭解自己的過去與潛意識部份。（二）探討自己已知的內心衝突，注意自己對某些事或人的反應態度，直到強烈體會出其中的不合理性。（三）從經常出現或產生困擾的夢中，可能使你想起現在或過去的情景，可加以扮演其中的各種角色（尤其是對立的角色），使衝突逐漸趨向中道。

一般來說，前面四種方法只適用於情感仍在波動之中，且用於日常生活問題上。至於應用那種方法，因人而異。有些人只願自己好好地想和寫，有些人需要有個好的聽眾，有些人願走潛意識的「後門」。當然，也有人需要在活生生的情境裡扮演、體會，那他可採用第五種方法，因為此法特別適用於已經「冷卻」的情感問題。據史奇夫曼報告，此派療法可以幫助日常生活問題的適應，自欺行為的預防，以及強烈痛苦情感的減除。尤其第五種方法有助於看清自己與所處情境，進而發揮潛能、做自己所要做的人。

不妨為自我畫像

自我構圖療法（Self-Puzzle: A Diangostic and Therapeutic Tool）為羅奧（Chalsa Loo）所創。一般診斷測驗經常引起莫名的焦慮，病人往往不知道測驗的目的，或者他反應的意義，而且完成評估後通常再也見不到測試者；在測驗過程中，測試者的控制性角色，又往往帶給病人威脅感。羅奧有見於此，加上看到在藝術治療法（Art Therapy）中，診斷工具可以融會統合在治療過程裡，因此創立此派。

治療師提供各種不同顏色的色筆，及一大張白紙，然後向病人作諸如此類的提示：「每個人就是由許多不同部份組成的謎圖。心理治療就是種瞭解我們各個部份，以及它們如何吻合的過程。我樂於看到你好好地想想現在的自己，然後畫個謎圖，『並畫上最能描述你的圖形』，至於要畫成多少部份，什麼形狀、顏色、位置都由你決定。這幅謎圖可幫助你更瞭解自己，它本身無所謂對錯。你可以從容的畫，並沒有時間的限制。」

等謎圖畫完後，可以鼓勵病人談談他的畫，以及他感到的意義或聯想，然後治療師就圖的各部份位置、形狀、顏色等來瞭解病人的自我概念、核心問題、動機因素、重要事件、人際關係等層面，並對病人詳加解說。此派療法有助於病人對自我的界定、情感與思想的肯定與控制，對於無法口頭表達情結的病人尤為適用。而且也適用於團體治療中，幫助成員之間的分享經驗與回饋。

追溯前世的自我

順便介紹較為神祕的前世治療法（Past Lives Therapy）。是否有前世這個問題，為目前科學所難以處理跟回答的。不過其治療效果，已為人類學家李亦園先生作了部份的肯定。如前提過的案例，幾年前，有位青年因女友移情別戀，百般挽回無效之餘，只好訴之於神明，天天跑到行天宮去祈求女友回心轉意，終於驚動裡面一位道士，在答應為他作法前，告訴這位青年：「你在前世遺棄了她，而今轉世來找你報復，只因為你這輩子做人很善良，她無法如願。如果你硬要她回到你身邊，我可以幫助你，但你後果堪慮。」結果這位青年嚇得回頭了，後來跟別的女孩子有了圓滿的婚姻。

這項事實可以從很多觀點來討論，不過在此暫時存而不論。言歸正傳，此派療法為涅索頓與西芙琳（Morris Netherton & Nancy Shiffrin）所創立。事實上，它在宗教裡已有長遠的歷史，尤其是佛教、印度教、猶太教、回教與基督教的某些宗派等等。這些東方思想正逐漸流入西方心理學的主流。根據臨床報告，此派療法對於許多行為與身心障礙有效，例如性與婚姻問題、童年與成年的難題、偏頭痛、初發性潰瘍、吸毒、酗酒等。而對於癌症、癲癇症、腎臟科重症的病人，可幫助他們瞭解自己的情境，因而能配合醫

療工作。

參考讀物

01 朱文光博士譯著：《西方神祕學》，老古文化公司出版。

02 Steinkirchner, Albert V. Self Psychotherapy Venice, Calif: A quin Publishing, 1974.

03 Schiffman, Muriel. Self Therapy Techniques for Personal Growth. Menlo Park, Calif: Self Therapy Press, 1967.

04 Loo, Co "The Self Puzzle: A Diagnostic and Thererapeutic Tool. " Journal of Personality Assessment. Vol. 38, No.3 (1974), PP.236-242. Netherton, Morris, and Nancy Shiffrin. Past Lives Therapy. N. Y.: William Morrow. 1978.

十、彩色呼吸療法——包羅萬象的宇宙奧秘

中國人早在先秦時代，對於氣與色即有相當深入的研究，不只見之於人相學上的記載，在中醫文獻上更是卓有創見，例如肝青肺白。據現代解剖，肝外層確呈青色，而肺外面皮膜確也是顯白色，其餘內臟也都吻合五行相配之色。在食療用藥方面，也都涵含此理。譬如綠豆清肝解毒，紅豆滋補心藏；先進國家，甚至連藥囊的膠殼顏色，都配合藥性功能。中醫師「望」色斷病，更為大家所熟知。當然，氣與色具有密切的關係，在很多情況下，氣還比色重要，不過，本文僅偏重在色方面來談。

從色彩在藝術上的研究，進而到從對色彩的喜惡來做心理分析，以及身心的治療，雖然已有不少研究文獻，但總的來說，還只是起步的階段，各種實驗的結果並不盡相同。這主要因為色彩脫離了科學的客觀分析，進入身心交感的領域，由於每個人身心的狀態、功能的差別，而有感應的不同。話雖如此，異中求同，未嘗不能從中尋找出一些通則來。

尤物妮的親身經驗

美國的琳達（Linda Clark）雖編寫過幾本有關顏色治療術之類的書，她本人也有這方面的體驗，但在她與尤物妮（Yvonne Martine）合著的《彩色呼吸使人健康、青春與美麗》一書中，卻以尤物妮為主。琳達說，她初見尤物妮時，尤氏已當祖母，但看起來卻像三十歲。據尤氏說，二十年前，她經營三家模特兒訓練班，還要理家養子，生意與家務把她壓垮了。醫生斷言，她再活不過五年。她患心臟病多年，加上關節炎，體重低於標準廿磅，心智上、情緒上與精神上，都衰疲不堪。早來的皺紋、鬆塌的眼皮，而且手與面上都出現了老斑。使用顏色呼吸一個月後，關節炎就痊癒了。又呼吸了藍綠色（Turguoise）一個月，身上的疙疙瘩瘩消失了。在一年內，由於使粉紅色（Pink）加上金白色（Golden-white），心臟恢復了正常。醫師證實了她的康復，卻不知原因何在。老斑在使用四年粉紅色後也消除了，體重恢復正常，而完全康健了。

多少年後，有次尤物妮摔壞了腿，醫生斷言要六週以上才能好。尤氏呼吸橘黃色（Orange），而沒有動用到醫生給的消炎與鎮定劑。然後又使用白灰色（Whitish-gray）來整修骨骼，綠色來加強神經功能，加上藍色來增強生命力。她把這些顏色在心中的調色板上調好，然後觀想這些顏色緊裹著骨折的腿，以及足與踝，並觀想這些部份一定會完全痊癒。結果只有三週就好了，使醫生大為意外。她開始把她的經驗，傳授給前來求助的人。

為什麼顏色管用？

宇宙間包羅萬象，已逐漸展露出在科學的研究下，雖然終極的原理，還有待努力。但可以肯定的是，環保對人的影響愈來愈受到重視。噪音與空氣污染，其為害眾皆知。老子雖早說過「五色令人目盲」，但光色之為害，直到城開不夜，霓虹燈、彩色電視、電腦網路盛行，過份強度刺激，造成普遍視力衰弱，頭昏眼花。

雖然如此，但若運用得當，未嘗不能轉害成益，道家甚至講求吸取天地精華之氣，正如瑜伽行者注重氣能（Prana）；音可以入樂而變化氣質，甚至「觀音」可以入道，凡此皆為大家所熟悉；佛廟佛相色彩莊嚴，自然易生恭敬心；工廠住家甚至醫院，塗色得當，讓人舒適振奮，也漸為人所重視。

音、電皆不可見，但顏色是可以看見的。每個顏色都有它特殊的波長或頻率。奧特

（John Ott）博士發現，諸色來源的光，並不只止於眼睛，而是穿人體內，刺激內分泌腺。他在華爾狄斯奈工作室（Walt Disney Studios）也發現了，不同的顏色對花、植物、人產生不同的效果。

至於原因何在，目前尚未能得到充分的答案。這類研究大多受東方影響，想從「心能轉物」來立論，即除肉體外，還有一個相配合的以太似的身體（Etheric Body）。它的振動比肉體更高、更輕。它的存在只有專精之士或法眼通者可以看到。現代科學儀器如克里安照相機，已可攝出它圍繞在肉體外，似一層色光，色之不同，光之強弱，因人而異。並且可以從這層色光中，探出肉體即將生病的現象。透過這層色光似的身體，人可以影響他的肉體。你給它一個藍圖，肉體就會忠實地去執行這個藍圖。

如何去影響這個色光似的身體？心！思想也如光波一樣，雖因人而有強弱、「善惡」的不同。所思所想，起心動念，時時刻刻直接影響到這個色光似的身體，而影響到肉體。總結來說，人就是心所生的果。心臟病專家往往死於心臟病，癌症專家往往死於癌症，就是由於知之甚深，若心生怖畏，即使是潛意識地存在，則此陰影終落實在肉體上。我們在報紙雜誌上也常可看到，具有同理心的心理醫生自己反而得了心病。心理治療醫生固然要有入「地獄」的心願，但是否具有地藏王菩薩的道行？在這方面，無疑地，佛教可以提供無盡的寶藏，佛法本為「眾生有病」而立。

實施呼吸顏色的方法

話歸正題，尤物妮提出下列幾點實施呼吸顏色的通則：

一、觀想你所希望發生的。

二、每天不間斷地做。

三、精神集中，如實觀想。

四、配上適當顏色。

以美容為例，搭配呼吸顏色的步驟如下：

一、採取安寧，冥想的心態，也就是說把自己置於阿爾伐（Alpha）狀態。盡量把思想澄靜、鬆弛下來，把一切外務都擱放下來。身體也自然放鬆，坐臥並不限制。

二、平眼注視身前的粉紅色而如實呼吸幾次後，垂蓋眼皮，而觀想把粉紅色的空氣吸進去所希望改善的部份。自然地閉息一會兒，觀想他確實產生功效，譬如觀想皺紋處皮膚收緊而光滑。

三、每天在一個部位呼吸三次後，再轉到別的部位，可以先針對魚尾紋，再轉到下眼瞼。

四、感到成就的歡欣，或對諸神（不管是什麼宗教的神）的幫助而衷心感謝，尤物妮是在每次顏色呼吸後，即心表謝意，也有人在做完三次顏色呼吸後，才一次致謝。

五、最後，把整樁事情忘掉，也就是恢復普通呼吸，不再想它。「老是盯著水壺，水就不開。」做了，自然會產生效果。

安麗（Ann Ree）曾提出警言：任何為了自私或虛榮，而所做的自我改善方案都不會有結果，甚至弄巧成拙。女為悅己者容？不！凡是想由此方法美容的男女，都應如是想：我美容是為使他歡悅，但卻絕不是搔首弄姿，故意引人注意，大家歡歡樂樂，使這世界更美麗。不要你看到我就不順眼，我看到你就皺眉頭，所以尤物妮認為一個人應以精神的良善為目標，為美容而做的顏色呼吸，只是餅上的糖衣。

為健康而呼吸顏色

雖然多少世紀以來，某些瑜伽或精神治療，有意或無意地使用到顏色呼吸法，而有了良好的效果。但由於美國醫療政策，以及個別差異，很多著者都無法在書中公開傳授治療技術，而只能個別報導某些人的經驗。經驗雖因人而異，卻無妨由此學到適合自己的方法。

國際知名色彩專家韓德（Roland T. Hunt），他使用來清除體內瘀血的顏色是深紫羅蘭色（Deep violet）或中紫色（Medium Purple），他特別稱之為淨光（The light of Clarification）。在行法廿四小時內，胃氣等各種體內不良氣體，即排放出來。味道不好聞，神經系統、循環系統，以及各種受壓力的器官，卻由此受益很多。

他的方法是這樣的：

一、先把雙掌朝下置頭頂，觀想一束深紫羅蘭色光照射在頭部的諸腺：腦下垂體、松果腺、視丘、下視丘等。

二、然後，將左手移到額前，右手移到頭後。

三、其次，左手移向鼻子，右手移向後腦基部。

四、兩手分置雙耳及耳下腺。

五、移向頸子兩旁，籠罩著頸大動脈及淋巴腺，可促進情緒與血壓的平衡。

六、置左手於甲狀腺及副甲狀腺，右手置於後頸與頭的連接處。

七、雙手平置肺部，右手先置胸腺，然後心臟。

八、把手移向消化器官、肝、脾、胰、胃等。

九、最後，將雙手移向背後腎及腎上腺的所在。

十、整個過程約需四十分鐘，應注意的是最多只能隔日做一次。

至於尤物妮則用粉紅與橘黃的混合色，觀想它淹過身體有毛病之處。有痛則再使用橘黃色。最後，則用深紫羅蘭色來清洗有毛病之處的細胞。她每天做三次：清晨、中午及睡前。至於安麗，則用瑜伽方法，閉嘴而用鼻呼吸。配合治療使用的顏色，從一數至十五，一至五為吸氣，五至十則將氣與色觀想停置在需要治療的部份，十至十五為呼氣。

針對各種問題的顏色

一、粉紅色：治皺紋、酸、鬆弛、腫脹、皮膚損傷等。

二、藍綠合色可以治循環系統。解治呼吸不舒服、關節炎。配合粉紅色，可增加或減少體重，尤物妮是先用藍綠色三次，然後粉紅色三次，最後三次則觀想體內藍綠色、體外粉紅色。

三、橘黃色加些粉紅色可以止痛，但不能根治。

四、深藍色混青紅色，可以整修骨骼。

五、天藍色：促進記憶力、智力及藝術才能。

六、深綠色：淨化血液及其相關的疾病。

七、草綠色：助人成功、財務豐盛。合法的願望與祈禱才能發揮功用。

八、灰綠色：改善視力、眼傷或眼病（因循環或神經系統引起的則無效）。依尤物妮經驗，先施之於太陽神經叢（Solar Plexus 按：位於胃與肝之間的空隙）然後眼部。

九、中綠色：改變性格，除去惡習。先施之於太陽神經叢三呼吸，然後同時移向心與頭三呼吸，並觀想自己變成所希望的人格。

十、紫色：清除身體與情緒的障礙。如遇任何不利情況或危險時，可觀想紫光從腳照向全身，並祈求神的保祐。接著觀想從頭到腳，團團圍住白光。

十一、灰淡紫色（Pale orchid）：可使精神和諧。

十二、深玫瑰色（Deep pinkish rose）：促進人際關係，也可用來促進內臟器官的正常功能。

十三、金色：可以廣泛作治療用，觀想金色光從頭照向腳趾。也可益於頭內部，成

長等問題。

除外，尤物妮對下列問題，分別使用不同顏色：體骼：暗藍綠色。神經：金白色加上葉綠色。貧血：暗綠色。肌肉：粉紅色。失眠：淡紫色或藍色。

顏色呼吸的運用

一、治憂鬱症：據尤物妮的經驗，當她感到悶悶不樂或沮喪時，她吸進藍綠色，觀想氣與色達於手指頭與腳趾頭，遍滿全身，順脊髓而上進入頭部，然後這藍綠色發光似的淋浴全身。如果想成功某事，並可於觀想時，配合無聲的祈禱。不要消極地說：「我不再憂鬱。」而要積極地說：「我變得好快活。」

二、駐顏術（Youthology）：尤物妮曾教過一位未老先衰的人，如何恢復青春活力。先吸進深暗玫瑰色，使氣與色達到需要治療的部位，閉氣以自然舒適為度，然後觀想將氣順脊髓而呼出來，同時，色仍停留在原部位，直到氣全部呼完。最後把整樁事情丟開，不去理會。

三、治性冷感：尤物妮傳授一位前來求教的婦人，觀想她與丈夫團團圍裹住在玫瑰色裡，並且彷彿心心相連。然後，又建議她在睡前洗個溫水澡，接著觀想自己彷彿新婚，骨盤部位飽滿玫瑰色與氣，並清楚地感到那麼彈性，富於反應。

四、治療不孕：有對夫婦多年不孕，尤物妮就教男的觀想，吸進深暗玫瑰色，並精力充沛、熱愛妻子。教女的吸進玫瑰色，並觀想將氣與色直達整個生殖器官，同時如實感到一定會懷孕。甚至教她開始閱讀如何為人母之類的書，逛逛嬰兒商店，增強她的信念。也教他們坐在一起，觀想他們一起裹在玫瑰色裡，有時就換換粉紅色。六個月後，果然有了身孕。

五、治恐懼情緒：據懷田（Whitten）女士的經驗，不敢面對現實的人，切忌再穿上灰色衣服。如果改穿深藍色或金褐色的衣服，會變得積極而有活力。

六、治母女失和：懷田女士曾引導過一對母女，懷田女士勸做母親的，放棄穿她所喜歡愛的灰色衣服，做女兒的不要再穿土褐色衣服；而一起改穿所羅門粉紅色（Salmon Pink）。結果，母女不再形同路人了。由於此色代表博愛，也可用來對治自私或貪婪，方法是吸進所羅門粉紅色從頭入體內，閉息一會兒。然後，慈愛地把它照向別人。

彩色呼吸療法結語

一、顏色呼吸用來治療以慢性病為主，急性發炎疾病仍以迅速求醫為正途，切忌躭擱，誤了大事。

二、顏色呼吸因配合觀想，故尚難純從顏色來訂定它對人體的影響到什麼程度。因為光呼吸或觀想本身就有它的功能，實行得當的程度，以及每人感應的程度，在在使顏色功能無法確實測定。重要的是，只要有自己虛心誠求，不含雜念，往往可以發現自己運用最為得力的本色。

三、顏色呼吸不管用來美容或治療，最重要的是無私與博愛，才能生效。事實上，一個人真能做到無私與博愛，他的面容與身體也就不會壞到那裡。歸根結柢，心地為本，顏色為末，切忌捨本逐末，作繭自縛，愈陷愈深。

四、顏色呼吸要有良好效果。往往需加祈禱，故與宗教密切相連。不管所信宗教為何，重要的是發利他心，求神賜助或加持。至於如何將成就迴向眾生，則尚非此類作者所能詳論。

五、「『色』即是空，空即是『色』」，顏色是此「色」之色，「色」尚是空，更何況「色」之色。此篇介紹顏色呼吸法，當可作如是觀。一切仍以萬法萬相之總源「心性」為本。有關心、氣、光、色的系統研究，則可從密宗及道家中找到豐沛的泉源。

十一、舞蹈治療——極富創造性與力量的藝術治療

我國原也有一套「與天地合一」、「知足而後有定，定而後能靜，靜而後能安，安而後能慮，慮而後能得」等修養功夫。佛教傳入中土後，更發展出許多「明心見性」的細密方法。初步看來，除禪宗有祖師對徒弟見機當頭棒喝外，我國傳統的心性功夫，大都偏於「自度」，自度即是自立。自己原是去除「心中賊」，甚至變化氣質的最大原動力，但我們也知道道家都要講求「道侶」，佛教更時時提醒要「親近善知識」，可知有位夠資格的人在旁提攜、協助是多麼重要。

然而，在我國傳統裡，「助人之道」並沒有得到充分的發展。自從西方的心理輔導與諮商傳入後，專家學者的辛勤耕耘，已逐漸受到社會大眾的重視與接納。我們開始體認到在遭遇困難時，尋求適當的協助，並不是可恥的。去除這點自我的傲慢，使我們能打開心胸來接納別人，也對別人付出關懷，世界將更美麗。

據亨利克（Richce Herink）的統計，西方世界自佛洛伊德創立精神分析學派以來，因應不同時地、案情而發展出來的心理療法，較具體且能成一家之言的，即有二百五十

種之多，真是洋洋大觀。

感於「他山之石，可以攻錯」，擬將國內較為罕見的心理療法，陸續披露。希能有助於我國心理療法的建立，也使讀者了解可以從比較多角度，來診治我們的心病，進而發展潛力，有效的成長。

舞蹈啟發了心智

記得在大四時，已厭倦於那形而上的靜思，靦腆地打開「民族舞蹈社」的大門，從「苗女弄杯」、「康定情歌」一直舞回台灣的山地舞，那種生命的飛揚與躍升，遠勝過生命哲學的千言萬語。畢業後，還跟來自宜蘭的楊桂香老師學習芭蕾舞，以及蔡瑞月老師及其公子雷大鵬老師、劉鳳學老師學習民族舞蹈與現代舞。深感獲益很多，不勝懷念與感謝。

後來在情思困頓之際，就常常在單身宿舍裡配著「月光變奏曲」等，對著一面白壁舞起清影，直到身心不分，情到盡處，反而忘情。於是在沐浴中俗念盡除，讓生命唱出歌來，自己聽了都亂感動的。由於這段往事，在撰介心理療法時，不由得先鍾情於舞蹈療法。

以「性心理學」膾炙人口的心理學家艾理斯（Albert Ellis），在《生命之舞》裡寫道：「舞蹈是宗教、也是愛的原始表現……舞蹈提供力量，並且增加組織的和諧，顯然對於個人與社會具有無限的利益。」

而教育家霍爾（Stanley Hall），也曾認為要鎮定神經、約束感情、增強意志，以及使感情、智力和身體和諧，極需把舞蹈復興起來。

舞蹈成為心理療法的開端

舞蹈雖有其長遠的歷史，但要成為一項心理療法，是在受了榮格、雷克（Wilhelm Reich）及一些自我心理學家的影響以後，才較有系統的發展起來。美國加州有位舞蹈師懷豪絲（Mary Whitehouse），最先把學生的動作表現，與所流露出來的象徵性潛意識資料，結合起來。

在美國東部一家聯邦醫院裡，精神科醫生發現參加佳絲（Marian Chace）舞蹈班的患者，有較好的治療效果，於是邀請佳絲來一齊工作，尤其是對那些動作有困擾的患者。

一九六五年，有七十三位舞蹈治療師成立了「美國舞蹈治療協會」，推請佳絲擔任主席。這個協會的主要宗旨在釐定專業的水準，並為會員提供有關資訊的服務。

舞蹈原是極富創造性的藝術，用在治療上也極有彈性，往往因個案不同而有所變化。目前發展所及，約可歸納為下列四大類：

一、巧絲舞蹈治療：其特色在舞蹈師應用同理心，斟酌個案的體能，配合適當的音樂，而與之共舞，並細心的映照出動作，以達到增強的作用。個案由此而開始信任別人，敢於透過舞蹈動作來表現自我。尤其在團體舞蹈中，透過舞蹈師的導引，可以把久埋內心的喜怒哀樂流露出來。在語言與非語言的溝通中，使大家深深體驗實存的喜悅。

二、榮格學派的舞蹈治療：舞蹈師盡量少作提示，著重醞釀氣氛，使個案透過積極的想像，進入自己的潛意識裡。舞蹈師在開始對簡單的動作與舞姿稍作帶動後，即由個案去重複演練或加以延伸、變化。當個案體驗到某種象徵性舞姿對他別有意義時，往往可以發展出蘊含在神話主題中的某些意象來。舞蹈師可在旁觀察或稍作指引，並以直覺的分析來加深個案的體驗，使他更清楚地認識自己。

三、發展舞蹈動作的治療：其特色在以生理的自我心理學為取向。舞蹈師先透過觀察與方案的說明，使個案了解他所要達到的發展程度，然後指導他們如何來發展他們的動作，並適時指導如何使衝突、不協調的部位得到整合，使身心同時產生良好的變化。

四、完形動作治療：偏重在身體的醒覺與動作。雷克即曾認為身體的症狀展露出內在衝突的徵結。此派即反其道而行，透過一些戲劇性的動作，來使兩極化的衝突模式拉近，並得到解決。

根據臨床經驗，舞蹈治療對於某些精神官能症，或諸如潰瘍、偏頭痛、腰酸背痛、肥胖、陰道痙攣等心身疾病頗有成效。對於一般人來說，也許最重要的是，使人身心整合，充分體驗實存與成長的喜悅。因為正如艾理斯所說的：「舞蹈是最高貴、最動人、最美麗的藝術，因為它不僅是生命的轉變或抽象表現——它就是生命本身。」

十二、談基督教心理療法與教牧協談——神愛迷失的羔羊

有一次羅吉期（Carl Rogers）應邀到堪薩斯州向當地的精神科醫生演說，居然指名道姓的說：「我在病人中從未找到梅寧傑博士說的，人類有一種向惡的本能。我的病人都是好人，他們都有一種向善的力量，所以我實在不懂梅寧傑博士提倡人有向惡的本能是什麼意思。」當時在場的梅寧傑（Karl Menniger）是位著名的佛洛伊德派精神科醫生，他馬上站起反駁：「就是因為您不承認人的劣根性，這正是您羅吉斯派最糟的一環！」

這些正如孟子的強調性善，荀子的強調性惡。至於孔子，「祭神如神在」，卻又「未知生，焉知死？」對於怪力亂神存而不論，敬而遠之，而落實人生本位上：性相近，習相遠。至於建立於聖經基礎之上的天主教與基督教，當都承認亞當是神按著自己的形像，用地上的塵土造的，再將生命的氣息吹入，於是靈住在肉身中，支持他的生命。

從亞當夏娃看人性

於是亞當藉著五官，有了世界的知覺；藉著靈，有了神的知覺；藉著魂，有了自我意識與個性（包括理智、感情與意志）。神覺得他「獨居不好」，於是他睡著時，從這精製的塵土再精製較少「土氣」的女人夏娃來。

有了人際關係，就開始有了問題。神愛世人，但人必得接受試煉，於是允許撒旦試探人。撒旦懂得各個擊破，從「弱者」夏娃著手。於是笑裡藏刀，讓她懷疑神的慈愛，否認神的真理，進而挑撥說：神的禁令，是為了怕人與祂同等。於是撒旦從感官的刺激，進而打動她的心，為了得到智慧，而吃下了禁果。

於是夏娃與神分離了。墮落後的她可能發現並沒有受傷，又用撒旦那套說詞，把亞當拖下水。

他倆終於受到神的審判，但二人都不承認自己的錯。亞當把過錯推給夏娃，甚至還怪神給他製造了禍水。夏娃又把過錯推給狡猾與欺騙的蛇。但神認為這些都不是正當理由，而對這些不順服者裁決；蛇要在地上扭曲爬行；女人要被轄制，且悲慘的貶降；男人此後要為食物掙扎，終生勞苦，直到死後歸於塵土（以上所述見創世記、希伯來書、約伯記等記載）。

我之所以要略述這段記載，乃是因為不管中世紀以來對此有多少不同的解釋，它卻深深影響教職人員從事心理工作的基本精神、態度與方法。

讓生命因聖靈而成全

基督教心理療法（Christian Psychotherapy）為威爾遜（William P. Wilson）所正式提出，雖然在他以前已有人作基督教與心理治療的研究。事實上，從耶穌得道以來，他以及後世的神職人員即在從事心理輔導與治療的工作，雖然沒有這些名詞，卻是宗教份內的工作。

此派療法建立在聖經上對於人性的看法，以及對於解決問題與控制行為的教導。在傳統的牧會協談中，大多使用權威或操作觀點，而此派則結合動力的、行為的、體驗的心理療法，而使用深度洞悉、直接學習與即刻體驗的各種方法。

此派認為人的原罪，在於人想主宰自己的命運而疏離了神；人因此背叛而受難，因此不完全而感到空虛、無意義。但人的靈具有力量去遵循聖經所建立的價值，而過充實、有意義的生活（見羅馬書、提摩太書）。

此派的治療技巧，約可分成如下四點：

一、以愛心來接受對方：使對方能把自我表現出來。由於對象的不同，治療者在態度上可能有所不同，一種是間接、冷靜、激盪式的；一種是直接、相應、滿足式的。

二、探討對方與上主的關係：如果關係錯誤，設法引導向正確的關係，以促進靈性的成長。

三、發現對方內心衝突，協助對方解決問題：要瞭解對方過去的客觀事實，並探討它與對方主觀記憶的差距所代表的意義，而協助他現在與未來得以過較適應、美好的生活。

四、根據對方情況，設計治療步驟：可彈性運用自由聯想、夢的解析、催眠、心理劇、角色扮演等技巧。最重要的是，以告白、重證、指導、祈禱、膜拜、聖經研究等方法，使對方產生自我省察與從事善行，在主對愛、樂、安祥、充實與永恆生命的應許中，得到健康、完全的生命。

至於此派治療師所採取的角色，相當有彈性。喀拉思（T.B. Karasu）認為耶穌具有下列角色：批判者、佈道者、教師、闡釋者、勸告者、承擔者、傾聽者、辨正者、警告者、支持者、冥思者、對質者、促進者、顧問、助人者、安慰者、寬恕者等。因此，治療師應視情形而師法耶穌的各種角色。

此派療法最適宜於酗酒、吸毒、人格困擾、精神官能症患者，不適宜躁鬱症、精神分裂症患者。

教牧協談的發展

教牧協談（Pastoral Counseling）發展至今已有五十年左右的歷史。被譽為「教牧協談之父」的波義森（Anton Boisen）年輕時就患過嚴重的精神分裂症，並長期被拘禁於精神病院裡。由於他曾受過神學訓練，所以住院期間就對病人傳播福音。經過一些有力人士的支持，他成為住院的牧師。此後，他訓練了許多同工，這些人後來都成為提倡教牧協談運動的健將。

波義森一生中曾有五次精神分裂症復發的記錄，雖然病情都很嚴重，但每次都得到康復，還順利地完成幾本著作。他確認在第一次病癒後，才決定從事醫院的福音工作，因此他斷定精神病對他有益，甚至認為精神病可能是富有建設性的一個發展過程，病後對觀察判斷的能力較病前更為清晰。但這種說法被精神醫生否定了。即使如此，波義森首先建立訓練牧師直接與病人接觸的協談方法，並促使神學院與就近的精神病院，合作

設計實習課程。

第二次世界大戰爆發後，美國大部份的家庭被分散，那些失去了丈夫的妻子及在軍中服役的戰士，都極需要安慰。羅吉斯適時提倡他那簡易的協談方法，受到所有從事教牧協談者的擁護，有一段時間並將他的理論編入神學院教材。但是，牧師在應用羅吉斯的心理療法時，不是偏離原意，就是降低了他的神學色彩，而與心理分析同一論調。因此，目前有些教牧協談的領袖，將教牧協談的基礎段轉至與聖經神學相繫；但有些領袖仍站在與聖經神學分歧的心理分析學的前提上。

精神醫學與教牧神學的結合

至於協談者（教牧）本身應具備的資格，一般說來，可分下列幾點：

一、他應具有羅吉斯所強調的人格特質：坦誠接納、無條件的尊重與關切、同理心。他的人格特質應是愛、喜樂、平安、忍耐、和藹、善良、忠心、溫柔、自制、謙虛與實際的自我形象（見加拉太書）。

二、他必須瞭解自己，並不斷地省察自己的人格、價值、態度、信仰，處理可能隱藏著的自欺。

三、他必須具有精神動力學的知識，以瞭解人類行為及相關的反應。並要體認主觀感受、認知的內在過程，以及外顯的行為三者是休戚相關的。

四、他必須對精神病理學或精神病類別有所瞭解，而慎重地作出正確的判斷。

五、他必須熟悉發展心理學，並研究當地文化對人格發展的影響。

六、他必須瞭解團體、婚姻與家庭動力學。

七、他必須熟悉神學與教牧協談的理論與實踐。

至於教牧協談在實際的運作時，克蘭白爾（Ho ward J. Clinebell）曾將它分為下列幾種類型：非正式和短期的、婚姻與家庭的、支持的、患難的、轉介的、教育的、團體的、對質的、深度的、宗教存在的協談等。端看對方的情境而採用較為適當的類型，並酌用有關的各種心理治療方法。

於伊利諾大學教授精神醫學的華奧偉（Orville Walters）曾於一九六九年來台灣對教牧人員與神學生演講。他曾談到教牧人員從事協談工作的優缺點，現略述如下：

一、優點：

1．教牧人員適合與人約談，且容易接近人羣。

2．來談者期望以信仰為原則，作為解決問題的答案，而跟牧師站在一邊，這的確是基督教協談工作面對許多精神問題的答案。

3．教牧人員可透過團契的兄弟姊妹，一齊來協助對方，尤其是那些顯得很孤僻或逃離人群的精神困擾者。

二、缺點：

1．沒有選擇對象的自由，因為牧師是兄弟姊妹們屬靈的輔導者，他不能像精神醫師一樣，把不好處理的對方輕易遣走。

2．教牧人員的時間有限，卻有時要花很多時間在少數愛莫能助的人身上，而使有些更需要幫助的人不忍心再去花牧師的時間。

3．對方向牧師傾吐那麼多私人的事後，可能會後悔不當說那麼多話，而因此破壞了與牧師之間的關係，甚至因此不敢再到教會來。

華奧偉也特別提醒教牧協談人員，要注意有些精神官能症患者以信仰作為問題表面的偽裝，而有些早期的精神分裂患者，也常有「抽象觀念缺損」的現象，而容易尋找一些比較神祕而富幻想的宗教、哲學、藝術等，來彌補這個缺損。因此需要探究對方在背後隱藏的真正癥結所在。對於不易因安慰就好轉的憂鬱症患者，要注意監護，以免他自走絕路。更為重要的是，牧師必須與醫生合作，盡力防止患者自殺，殺人或傷人的悲劇發生。其實，這也是所有心理工作人員都應隨時警惕的。

參考讀物

01 《心理學的重建》，Cary R. collins 著，邱清泰譯，校園書房出版。

02 《牧會協談的基本類型》，H. J. Clinebell 著，葉重新譯，台灣教會公報社出版。

03 《精神醫學與教牧神學》，Orville Walters 著，林恂、陸汝斌合譯，中華福音神學院出版。

04 Tweedie, Donald F., Jr. The Christian and the Coach. Grand Rapids, Mich.: Baker Book House, 1963.

十三、從心理治療看民俗信仰——最古老的治療行業

今日社會急劇變遷所帶來的心理問題，實在遠超過有關心理輔導機構的統計資料。尤其是基層民眾有了問題，大都奔向民間傳統信仰，諸如問神、降乩、關亡、算命、相命、卜卦、堪輿、補運、驅邪、收魂、壓煞等等，花樣百出，不勝枚舉。連平常對這些迷信恥於一談的朋友，在遭受嚴重挫折時，也常帶著好奇、好玩的心情，來跟我討論這些古老的習俗，甚至躍躍欲試。

個人由於出身鄉下清寒家庭，從小目睹純樸鄉民為身心問題所苦，很自然的廣泛閱讀各種以救苦救難為旨的宗教讀物。直到高中，讀了唐君毅、牟宗三、錢穆諸先生的著作，才慢慢移轉到以儒家為主的中華文化路上。走出台大哲學系後，多年從事青年文教工作，常感到社會的改善與進步，在在需從「心理建設」做起。

後來到美國研讀比較宗教與心理輔導，心有所感，也就應允在哥倫比亞大學作了一次演講：「佛教與心理輔導」。有一天黃昏，從中央公園散步出來，在一家書店裡看到精神醫生托雷（E. Fuller Torrey）所寫的「心靈遊戲：巫醫與精神醫生」（The Mind

Games: Witch Doctors and Psychiatrists，目前已有陳台林中譯本，三越版），不禁心中為之一震。回國後，利用週日到龜山監獄擔任團體輔導，一度曾由亞太基金會甄派去日、韓考察監獄教化工作，感到宗教實是法律、道德之後，預防犯罪的最後防線。因此，對於窮鄉僻壤的某些民俗信仰，也頗為關懷。

當然，這其中存有不少問題，諸如：超心理現象背後的本質或真相為何？神巫在何種條件或訓練下有何種能力？各種民俗信仰對當事人所做的論斷是否真實？是否有不良副作用？對於求助者的人格有何影響？如果加以追蹤研究，到底徹底治療的百分比有多少？這些問題透過李亦園、瞿海源、文崇一、曾汶悝等專家縝密的研究，已有相當的成果。

站在心理治療觀點，儘管民俗信仰產生不少的流弊，但只要這麼多人向之求助的事實存在，只要其中有部份的療效發生，只要其中也有感人愛心的光明面，就值得我們去探討。

五花八門的民俗信仰可歸為四大類

作為美國心理治療派別之一的「精神治療法」（Psychic Healing），又稱「超常治療法」（Paranomal Healing），克理波湟（Stanley Krippner）把它界定為：「用來減除生理或心理問題的方法，當顯然無法從醫學、生理或心理上來充分解釋治療效果時。」

克里波湟認為如果把心理治療界定為「在社會認可的治療師，與尋求解脫並承認治療師能力的病人之間，有步驟的一連串接觸。」那麼，心理治療師就可以包括巫醫、靈媒、草藥師、占卜者等等非正統從業人員了。克里波湟與維勒多（Villoldo）曾把「精神治療師」分為下列四大類：

一、直覺（Intuitives）：這類「治療師」並沒有接受特別的傳承或訓練，卻突然發現自己具有特殊感應，或者雙手只要加在患者身上即有某種效應。

二、神祕感（Esoterics）：這類「治療師」各有其「隱密的」教義，如煉金術、星相學、瑜伽術、怛特羅（Tantra）等。詳情請參閱朱文光博士所著《西方神祕學》（老古版）。

三、靈魂（Spirits）：這類「治療師」在「治療」的儀式中，據稱神靈附身。十九世紀的法國靈魂學家卡德克（Allan Kardec）寫了幾本這方面的書，影響拉丁美洲甚大。在亞洲、非洲也不乏這種神靈附身的情形。詳情可閱拙譯《超越死亡》（龍田版）。

四、薩滿（Shamans）：根據民族學家凌純聲的研究，我國的原始宗教是薩滿教，古時稱為巫，後來的道教即由巫轉變而來。「薩滿的基本觀念是信神靈的存在，人與神之間想設法溝通，於是承認有些人有通神的能力，得神的幫助，用神法能知道神異的現象，這種人即為薩滿。」薩滿教的分佈很廣，世界各地都可找到薩滿的遺跡。

根據席樂可哥勒夫（Shirokogoroff）的研究，薩滿教雖不能說是一種宗教或哲學，然它的功用像是一種宗教、哲學，並是一種醫術。（對薩滿教有興趣研究的，可看中研院歷史語言研究所刊行，凌純聲所著《松花江下游的赫哲族》，全書分三冊）。

從心理治療看民俗信仰的功能

這些「精神治療師」所做的處理或方法為何有效？托雷撇開了精神醫學的帝國主義，以及以自我為中心的種族中心主義；而以廣大的胸懷、客觀的態度來看其他文化與副文化。他認為這些方法所以有效，可以歸納為下列四種原因：

一、為患者的心理衝突命名：病人由此過程，會有被接受與安慰之感。人類學家李維史特勞斯（Claude Lévi-Strauss）在對薩滿與心理分析家加以比較後，說：「這兩者的目的，都是要把那些深藏於病人潛意識中的衝突與抗拒，帶到意識層面上來，並以文字

為符號，表示毛病出在那裡。這種命名過程之所以有治療效果，並不是因為那些名詞所傳達的知識……而是因為這些知識造成了一種特殊的經驗，在其過程中，個人的心理衝突具體化了，它們被提升到一個明顯的層次，讓他們能自由的發展，並找出解決之道。」

為了知道疾病的正確名稱，治療師必須擁有和患者一樣的世界觀，尤其是疾病本身的世界觀。因此，文化背景在心理治療中佔很大的份量。

二、治療師的助人特質：許多的研究顯示治療師的個人特質，如羅傑斯所謂的同理心、溫情、真誠等等，與「病人許多正向的人格及行為變遷的指標，有著非常顯著的相關性」。神巫之類的治療師往往不需長期的學術訓練，而經由繼承、超自然的指派與自我指派產生的。雖然這些人選不少是孤兒、瞎子、殘障、身體畸形的人，但經許多人類學家在許多不同文化中所作的研究，這些治療師通常都是穩定而成熟的個人，大都聰明而記憶力驚人的，甚至負有某種神聖的使命感。

三、病人的期待信念：佛洛伊德在評論原始的宗教性治療時，特別強調為了療效，必須對病人灌輸一種「期待的信念」，而法蘭克（Jerome Frank）在研究各種意識型態與方法為基礎的不同心理治療後，說：「治療的力量在於病人心中的信念，而不在於方法的有效性。」一般說來，神巫往往強調自我認識與自我控制，或培養一種不怒而威、令人敬服的力量，加上種種不同的服飾或佈置，更會誘發出病人終將痊癒的希望。

四、治療的技術：最後，托雷認為巫醫與精神病醫師所使用技術的相似性遠超出其差異性。世界各地神巫種類很多，很難歸納出一致的方法，不過，比較普遍的是：自白、贖罪、懺悔、暗示、音樂、舞蹈、符咒、祭拜、催眠、解夢、獎懲、忠告、威脅、神靈附身、占卜等等。由於治療技術與文化價值、疾病的起因、人格類型息息相關。每一種文化對於各種不同的技術，都有其特殊的偏好。

針對民俗信仰的存在來改善其功能

由於社會結構與情境的急劇變遷，諸如都市化、工業化、家庭解組、人口過多等現象，以及人民需求的提高，易於產生挫折感或無法適應，加上經濟的不景氣，某些大眾傳播的不良影響，造成人心的浮動與苦悶，於是知識份子流行排排紫微斗數，影歌星求求密宗大師祈禳之術，而大部份基層羣眾則求神問卜。對此現象，我們心理輔導人員可以自問：我們的專業素養如何？助人能力如何？羣眾的信賴程度如何？這套從西方移植來的治療方法是否適合我們的社會文化背景？我們的從業人員人數是否足敷社會的需要？透過這些問題的挑戰與解決，當可使我國的心理輔導工作成長得更茁壯。

而社會基層大眾如仍仰賴各種民俗信仰，如何減少其弊端？從前農業社會時，左鄰右舍都認識某位治療師。社區的壓力，使得他不得不維持相當的專業標準與職業道德。但今天由於都市化的結果，他卻容易在都市中匿名，為非作歹。因此，如果肯定各種民俗信仰有其源遠流長的社會、文化背景，那麼政府有關單位應和有關專家研討管理、甄選、訓練、評定、認可等辦法。在日本、迦納、錫蘭、印度、衣索比亞、沙撈越、奈及利亞等國的神教都已納入政府督導之下，而美國政府也支持對墨裔美人、印第安人巫醫的教育工作。而蘇丹和尼哥利亞的巫醫已有兄弟會的組織，韓國的薩滿不但組織公會，而且還奉獻錢財，設立集會道場。

最後，願引托雷的一段話作為結束：「大部份開發中國家已逐漸了解到，他們的文化及價值觀念，並不是天生就低劣於西方的。這種領悟是真正尊嚴與自尊的開始，沒有這兩件東西，一個國家將永遠不能有真正的發展。」

參考資料

01 李亦園：《信仰與文化》，巨流出版，民六十七年。

02 Frank, J. D. Persuasion and Healing. N.Y.: Schoken Books, 1974.

03 Krippner, S&A Villodo. The Realms of Healing. Millbrae, Calif: Celestial Arts Press, 1976.

04 Kiev, A. Curanderismo: Mexican-American Folk Psychietry. N.Y.: Free Press, 1968.

附錄

周勳男老師著述一覽

01 **著作**：老人心理學概要（老古文化）、了凡四訓新解（老古文化）、面對問題怎麼辦（正中書局）、我們一起讀阿含—長阿含部（老古文化）。

02 **翻譯著作**：佛洛伊德傳（中華日報出版社）、西方的智慧（幼獅書局）、有效的討論（幼獅書局）、心靈哲學（幼獅書局）、如何做個好老師（老古文化）、健身（豐身出版社）、超越死亡（龍田出版社）、白雲行（白法螺出版社）、成長遊戲（十方月刊出版社）。

03 **編輯校訂**：楞嚴經宗通（老古文化）、金剛經宗通（老古文化）、楞伽經宗通（老古文化）、普庵禪師全集（大乘精舍）、南懷瑾禪學講座二冊（老古文化）。

04 **整理編輯南懷瑾著作**：大學微言（老古文化）、宗鏡錄略講五冊（老古文化）。

05 **發表期刊系列**：愛的哲學初探（實踐學誌）、易經的憂患意識之研究（中華學誌）、當代心理治療學派（張老師月刊）、永明延壽禪師之研究（十方月刊）、虛雲老和尚與禪宗之研究（十方月刊）、胎教與胎養（十方月刊）、參同契之前的煉丹術（十方月刊）、從丹沙說到內外丹之分（十方月刊）、阿含經譯述（十方月刊）、神仙道學旨要（十方月刊）。

06

開講經典和課程：易經、道德經、莊子、皇極經世、高島易斷、周易闡真、周易禪易、周易真原、周易參同契、陰符經、黃庭經、山海經、四書、道家經典導讀、道家養生與修道、道家的生死觀、神仙道學旨要、呂洞賓祖師丹道探討、金剛經、成唯識論、小止觀、地藏菩薩本願經、楞嚴經、楞伽經導讀、華嚴經導讀、佛說未曾有因緣經、占察善惡業報經、菩提道次第廣論、宗鏡錄、大乘本生心地觀經、瑜珈脈輪與佛法修證、顯密圓通成佛心要、密宗心要、安那般那修法、密宗發展史、維摩精舍叢書選讀、準堤淨業講述、止觀禪坐研修、觀音菩薩經典導讀、彌勒菩薩經典導讀、地藏菩薩經典導讀、儒釋道概論、佛法與易經的融通、中印佛教史、佛教心理學、佛法與心理治療、解脫正道、坐禪的生理、心理機制與功效。

周勳男作品01

回家路上的心理學—東、西方交織的心理治療講堂

作　　者　周勳男
發 行 人　龔玲慧
主　　編　彭婉甄
編　　輯　莊慕嫺
美術編輯　張育甄
出　　版　全佛文化事業有限公司
訂購專線：(02)2913-2199　傳真專線：(02)2913-3693
匯款帳號：3199717004240 合作金庫銀行大坪林分行
戶名／全佛文化事業有限公司
E-mail:buddhall@ms7.hinet.net
http://www.buddhall.com
全佛門市：覺性會館・心茶堂／新北市新店區民權路 88-3 號 8 樓
門市專線：(02)2219-8189

行銷代理　紅螞蟻圖書有限公司
台北市內湖區舊宗路二段 121 巷 19 號（紅螞蟻資訊大樓）
電話：(02)2795-3656　傳真：(02)2795-4100

初　　版　二〇二一年十二月
定　　價　新台幣三八〇元
ISBN 978-626-95127-1-3（平裝）

BuddhAll

Published by BuddhAll Cultural Enterprise Co.,Ltd

國家圖書館出版品預行編目(CIP)資料

回家路上的心理學：東、西方交織的心理治療講堂
= The psychology on the way home/ 周勳男著. -- 初版. -- 新北市：全佛文化事業有限公司, 2021.12
面；　公分. --（周勳男作品；1）
ISBN 978-626-95127-1-3(平裝)
1. 心理學 2. 心理治療
170　　110019120

BuddhAll

BuddhAll.

All is Buddha.

BuddhAll